クリエイターとクライアントは なぜ不毛な争いを繰り広げてしまうのか?

福原慶匡・やしろあずき

星海社

206
SEIKAISHA SHINSHO

はじめに

福原慶匡

フリーの職業クリエイターは「企業の人ってなんでイヤがらせみたいなことをしてくるんだろう?」と感じ、クリエイターにオファーを出したクライアントは「なんでこう付き合いづらいんだ?」と悩む——。

僕は学生の頃にレコード会社を起業して以来、音楽、アニメ、テレビ、VR、イベント、YouTube……とさまざまな領域で、プロデューサーとしてエンターテインメント領域のクリエイターに発注する側として幅広くお付き合いしてきました。また同時に、広告代理店などから「こういう仕事をお願いしたい」と依頼を受けて制作するクリエイター(側のプロデューサー)でもあります。

こういう立ち位置であることから、これまでクリエイターサイドからもクライアントサイドからもお互いについて「困っている」「理解できない」とたくさんの相談を受けてきました。周囲でトラブルについて見聞きすることも少なくありません。僕からすると「それはあなたのほうがおかしいよ！」と思うこともあれば、笑ってしまうくらいひどい相手方のエピソードを聞きながらも「あるあるだよね」と思うこともあります。もちろん、もっと深刻なケースもある。僕自身、本には書けないレベルの苦い失敗をした経験があり、誰かが先に教えてくれていればどうにかなったかもしれない、と悔やむこともあります。

ここで言う（そして本書全体で言う）「クリエイター」はハイカルチャーの領域で表現活動を行うアート系の作家ではなく、エンターテインメントビジネスの領域で仕事をしている絵描きや映像作家、ミュージシャン、脚本家や放送作家などのプロの職業クリエイターを指しています。「クライアント」は広告代理店や制作会社を筆頭に、商業媒体で活動するクリエイターに発注する立場にある人たちのことです。

このような娯楽を商売とするフィールドにおいて、クリエイターとクライアントはどうコミュニケーションしていけばいいのか。何が原因でトラブルが起こり、どう対策すべきか。こういうことを主眼にした本は、実はほとんどありません。ですからこの本ではクリエイター側とクライアント側それぞれの考え方や行動習性の違いを示し、その差異を踏まえた上で「ここが地雷になりやすい」「ここはこうしてほしい」という予防策と提案を示しています。

この本は、僕とマンガ家のやしろあずき君との対談形式で進んでいきます。

先ほども言ったように、僕はクリエイターをプロデュースする立場であると同時に、自分でもテキストを書くなど、ものづくりもしています。クライアントとクリエイターの割合で言えば9：1から8：2ですが、やしろ君はちょうど僕とは逆に1：9から2：8で仕事をしています。

彼はゲーム会社のセガでゲームプランナーとして三、四年ほど経験を積んだあとでウェブマンガ家として収益をあげる第一人者となり、自身でこのマンガ事業の会社を作って代表を務めています。受注する側であると同時に他のマンガ家に発注する立場でもあり、雇われ社会人の気持ち、フリーランスの気持ち、経営者の気持ちのいずれもわかる人物です。


ネットでは揉め事が起こって炎上すると、どちらか（たいていはクライアント側）が悪者にされます。しかし、仕事のトラブルでどちらかが100％悪いということはなかなかありません。お互いの前提や思惑、価値観のズレ、知識や経験のギャップが齟齬《そご》を生んでいることが大半です。本当はどちらも「良いものを作って評判になる！」というゴールを目指しているはずなのに、ものをつくる人間とお金を見ている人間では、あるいはフリーランスと会社員では、何が評価軸なのか（誰が評価してくれるのか）、何が頭に来るポイントなのかが異なるためにディスコミュニケーションが発生してしまう。

ただ注意しておきたいのは、世の中ではクライアント／クリエイターをビジネス／クリエイティブに対応させて二元論で理解することが多いですが、実際の仕事においてはクリエイティブかビジネスかは明確に分かれているものでも、分けることができるものでもありません。ですからクライアントであってもクリエイティブサイドの思考を知っておく必要があるし、クリエイターもビジネスサイドの見方を知っておく必要がある。

もちろんそれぞれ得意分野、不得意分野がありますから、クライアントがクリエイティブな領域の仕事を「できる」ようになることは難しいし、その逆もしかりです。

でもそもそもひとりの人間がなんでもかんでも「できる」必要はないのです。仕事相手、共同作業者の思考や習性を「知る」、興味とリスペクトを持って知ろうとするという姿勢を持つだけで十分です。人間誰しも、自分の得意なところに閉じこもろうとしがちです。けれどもそこから一歩離れて自分が苦手なことをやっている、言ってくる人はいったい何を考えてそんなことをしているのかを知るだけで、仕事・作品・企画に対する解像度がまるで違ってきます。

クリエイターもビジネスパーソンも「自分のルール」で相手を説得しようとして理解を得られず感情的になることが少なくないのですが、相手の都合や全体を見なければ、たくさんの人が関わるプロジェクトはうまくいきません。

クリエイティブとビジネスが渾然一体《こんぜんいったい》となったひとつのものをクライアントとクリエイターがともに作っているという認識をもって仕事に臨むことが、良質なアウトプットにつながります。


もっと単純な話として言っても、ギスギスしながら仕事をするより、お互いを理解・信頼しあえて、やる気に満ちた状態で働いたほうが楽しいし、充実した気持ちになれる。そういうなかから良い作品ができていく。

誰もがそうなれる未来のために、この本を作りました。

目次

第2章　準備　43

第3章 発注 79

第4章

納品チェックバック 103

第5章 納品後 155

第1章

それぞれの立場の違い

クリエイターから見たクライアント

▼意見しづらい！

福原　まずはお互いの立場の違いを理解するところから始めましょう。手始めにクリエイターからクライアントはどう見えているのか、クリエイターはこうなりがちで、クライアントとはこういうところが折り合いづらい、という話からいきましょうか。

やしろ　これは何年くらいその業界にいるか、実績がどれくらいかによって変わってきますよね。駆け出しのフリーランスのクリエイターからすると、クライアントのことはとにかく「怖い！」。自分の心臓を握られている感じがする。

福原　そこまで言う？（笑）。

やしろ　いや、みなさん仕事がないうちは「この会社に逆らったら次の仕事がないかもしれない」「食っていけなくなる」と思って「従うしかない」と感じていますよ。クライアントとフリーのクリエイターの一番の違いは、組織に守られている会社員はたとえ失敗してもよほどのことがないかぎり「次」があるのに対して、個人で戦っているクリエイターは「これがダメなら次がないかも」という不安があることです。

福原　最初のうちはクライアントが怖く見えるかもしれないけど、「クライアント」といっても実は現場にいるサラリーマンにはそんなに権限がないんだよね。組織の役割の一部を担っているだけ、上司に怒られないように必死にやっているだけだったりして、「怖い」と思われていること自体が驚きかもしれない。

やしろ　メールやDMでテキストだけでやりとりしていると、まともな社会人のメールってわりと堅苦しいことが多いのも手伝って、クリエイターからすると距離を感じることが多い。だけど直接会うなりZoomで顔を見て話すなりすると「あれ、すごい事務的だなと思ってたけど、この人、意外とおもしろい人じゃん」とか「無茶言うなと思ってたけど、この人も大変そうなんだな」とか思えて仲良くなれたりします。人間味が見えたほうが圧倒的に仕事しやすい。

福原　自己開示が大事だと。駆け出しのクリエイターからはそんな感じに見えているとして、中堅以上になるとクライアントとの付き合い方も変わってきますよね。クリエイター側が付き合うクライアントをある程度選べるようになるからでしょうけど、全然言うこときいてくれない方も正直出てくる。

やしろ　中堅以上になると、依頼を受けた時点でクライアントに対して「こっちの仕事スタイルをわかった上で依頼しているんですよね？」という気持ちがあるからでしょうね。

福原　あとは忙しすぎてクリエイターの気持ちに余裕がなくなっているとか。極端な場合、クライアントが「カレーをください」とお願いしていたのに、全然違うみそ汁をいきなり出してくるような人もいる。

やしろ　「え？」って思いますよね。

福原　もちろん、自己表現が尖っていることはクリエイターにとっては名刺みたいなものだから、ある程度なら全然いいんです。ただ、オーダーをまったく無視されるとクライアントは困ってしまう。クライアント側としてはその人にお願いした部分だけではなくて、ゲームにしても映像にしても広告にしても、その作品全体あるいはブランド全体等々、バランスを俯瞰して見て発注しているんですよね。あるいはイメージしている客層があってその人たちに向けたアウトプットを求めている。クライアント側が追求したいのはプロジェクトの全体最適なんだけど、クリエイターは個人の部分最適を追求しがちという性質がある。別の見方をすれば前者は「売りたい」、後者は「やりたい・作りたい」を第一にしたがる傾向がある。

やしろ　会社員は決められた枠を守ってその中で仕事していく一方で、フリーのクリエイターは「自分で枠自体を決めていくんだ！」みたいな意識があります。社会人経験がなくて集団作業をあまりしてこなかった人だと「全体を想像して自分に求められていることをやる」という発想自体が欠けていることもありますね。気づきさえすればできる人も多いと思いますけど。

福原　そのクリエイターにとっては、困らせている相手は向こうの担当者ひとりしか見えていないかもしれない。あるいはフリーランスのクリエイターにとってはひとつの案件が飛んでもいくつかある仕事のうちのひとつが途切れただけで、たいしたことがないかもしれない。でも、クライアントサイドからすれば、ひとつの工程が滞るだけでめちゃくちゃお金が出ていくことも全然ある。極端なたとえ話をするけど、月三〇万で雇っている社員が一〇〇人いるゲーム会社があったとして、外注したクリエイターの都合で二か月納期が遅延したら、社内の人件費だけで六〇〇〇万円かかる。一日遅れるだけで一〇〇万円ずつ飛んでいく。もちろん、クリエイターが家にいて、ひとりで絵を描いたり文章を書いていたりしていると、そのプロジェクトにどれだけ多くの人が関わっているのかという想像が付きづらいのは仕方ない。でも、その遅れやわがままによって、お金を見ている人は胃に穴が空きそうになっているかもしれないと、少し考えてもらえるとありがたい。

やしろ　クリエイターは「ちょっとの遅れくらいなんとでもなるだろう」と思いがちですけど、発注したあとのお金や人の流れを知ると認識が変わってきますよね。機会があればぜひクリエイターにも「こういうふうにたくさんの人が関わって世に出ているんだよ」と現場を見てほしいですね。僕の場合、若いころにマンガを使ったMVの仕事の打ち合わせにいったら、ずらーっと二〇人くらいが並んでいてビビりましたもん。「こんなにたくさんの人が関わっているんだ！　これは遅れられんわ」と学びました。

僕が社会人経験のないクリエイターにオススメしたいのは、同人誌のような自主制作物を自分ひとりで作ってイベント出展と通販までやることなんですよ。これでビジネスの流れや、どういうフェーズでどういう作業が必要なのかがかなり学べます。一回やっておくと編集者やプロデューサーの立場もわかるし、プロモーション担当者の気持ちもわかるし、印刷所などとの交渉も経験できるし、いろんな人の苦労と視点が理解できるようになって、商業仕事に対する解像度が上がります。作品の制作から流通・販売までひとりでやったことがないフリーのクリエイターは、ぜひ一度チャレンジしてみてください。

福原　なるほど。話を戻すけど、いま言った中堅よりさらに上のクリエイターとなると、業界人なら誰でも知っていて、一般人にも知名度があるレベルの一流のクリエイターになるよね。で、そういう人からクライアントがどう見えているかの話は……してもしょうがないかなと思うのでしません。というのも大半のクライアントにとってはそういう著名クリエイター、スーパースターとはそもそも接する機会がないからです。それよりは「よくある事例」を扱うほうが多くの読者に有益だと思いますので、以下、この本では断りのない限り「クリエイター」は基本的に駆け出し〜中堅のことを指します。

やしろ　常識で考えると「そのやり方は、まずいでしょう」という振る舞いをしていても、クライアントからすると「才能があるし実際売れるものが作れる有名人だから何も言えない」みたいなこともありますけど、並のクリエイターが一部の天才の行動を参考にしてしまうとむしろマイナスなことが少なくないですからね。

▼失敗してもなんとかなるクライアント、コケたら次がないかもしれないクリエイター

やしろ　先ほど福原さんから、たくさんの人と予算が投じられているからそれを理解してフリーのクリエイターも振る舞おう的な発言がありましたが、そうであったとしてもクリエイターは妥協しづらいんですよね。なぜなら、いい加減なものが世に出ると、クライアントは納得していたとしても、一般のお客さんから叩かれるから。一般の人からの評判が下がると、その評判をほかの会社の人が見て「この人に頼まない方がいいな」と考えて、結局クリエイターのその後の仕事に関わってくる。だから何人、何円規模のプロジェクトであろうと申し訳ないんですけど「ギリギリまでこだわらせてくれ！」という気持ちがなくなることも絶対にない。

福原　「中途半端ですけど納品します！」なんてクリエイターはいないですよね。極端な話、絵だったら一ミリ単位の違いまで考えて作業している。でも、クライアントからすると「どっちでもいいから早くあげてくれ！」「安くやってもらえないかな」と思いがち。そこには「作品」として見るか「商品」として見るかの違いがある。

やしろ　僕らとしては「商品」を作る「業者」として、クライアントがビジネスライクに接してくるとイヤなんですよ。感情を持った人間と人間との付き合いがしたい。

福原　逆にクライアント側としては、集団制作物だったり「売り物」を作ってほしかったりするのに、あまりにもクリエイターが「自分の『作品』」だと思って折れてくれないと「何でわかってくれないの？」と途方に暮れてしまう。

やしろ　ただ、捉え方は違っても、いずれにしても「敵」ではなくて、いっしょに仕事をしていく「パートナー」なんですよね。過去にある案件で僕もクライアントさんも炎上して、僕はフォロワーも仕事も減ったという出来事がありました。そのときクライアントから「会社の名前を変えてまたチャレンジしますね！」って言われたんですよ。

福原　すごいな（笑）。

やしろ　正直、めちゃくちゃイラッとしました。だって僕は名義を変えても絵柄でバレるから。やり直しがきかないんです。この出来事があって以来、もし何か問題が起こったとしても責任感を持ってこちらと付き合ってくれる、ちゃんと守ってくれると思える企業と仕事しよう、と改めて思いました。「フォロワー数が多いから描いてください」みたいな態度が露骨な会社は避けるようにしています。

▼作業工程を知らずに発注内容もリテイクも無茶ぶりしてくる

福　原　クライアント側からのファーストコンタクト時点での依頼内容に対して、クリエイター側が感じがちなことについても話しましょうか。僕の場合、アニメの仕事で多い相談は「つきましては新海誠監督が手がけた大成建設さんのCMのようなものをお願いします！」みたいなやつ。

やしろ　(笑)。

福　原　そのとき流行っているものや有名作品・作家と似たものを作ってほしいと悪気なく言われる。「なぜ僕らにそれを頼むのか？」ということはさておいたとしても、同じ業界の人間からすると「新海誠さんに発注したらいくらかかると思ってます？」とまず思う。仕方ないといえば仕方ないけど、クライアントは自分たちでやったことがない作業について「あのくらい簡単にできるだろう」と思ってしまう。夢を持つのは全然いいし、オファーされたクリエイターからしたら期待してくれているわけだからありがたいことではあるんですけどね。ただ、どのくらい大変なのか少しでいいから調べてから頼んでくれると助かります。

やしろ　マンガ、イラストに対しても同じで、その仕事に理解がある発注者とだと圧倒的にやりやすい。発注者側に経験者がいる場合は作家と揉めることは少ないですね。そういう相手だとこちらの制作工程をわかっているから受発注後のやりとりにおいても「ポーズや手のかたちを描き直すのは難しい」みたいな前提を持っていてくれる。でもイラストを一度も自分で描いたことがない人だと「ちゃちゃっと手の向き直してもらえます？」みたいなことを言ってくる。

福原　クライアントは「ちゃちゃっと」を禁句にするべきだと思う。言ったら罰金取りたいレベルでクリエイターが気を悪くするワードです。

やしろ　「いや、手を直すのは大工事なんで、すぐは絶対できないです。やるなら追加で料金を支払ってください」と返すと、こちらがわがままを言っているように受け取られてしまうんですよね。もちろん、発注者側が絵描きである必要はないんです。ただ、そもそもどうやって作っているのか、どのタイミングまでならどこを直すことは簡単で、どこからは難しくなるのかみたいな基礎的なところを理解してくれる人が増えてほしい。それだけで僕らからすると理不尽なリテイクがなくなるし、クライアント側からしても時間や予算のロスが少なくなる。

福原　知識がないという自覚があるなら、先に「流行りのあれみたいなのをお願いしたいんですが、やれるものでしょうか？」とか「どういう作業が大変なんですか？」と聞けばいいだけなんですよね。そうすればお互い齟齬がなくなる。知識がないのに「流行ってるし、簡単にああいうの作れるだろう」「どうせ一瞬で直せるだろう」と思い込んでしまうと、実は「ジェンガの一番下を替えてくれ」と言うに等しい難しい注文だったりして、クリエイターがびっくりする。クライアントからすれば「カネ支払ってんだから大変だとしてもやってよ」と思うかもしれないですが、クリエイター側からすると「その予算と納期ではそもそもムリ」と思っていたりする。

やしろ　クライアントがわかっていないことを説明するコストをクリエイター側が負担しないといけないのが、僕らとしてはつらいですね。コミュニケーション下手なのはだいたいクライアント側じゃなくてこっちなので、コミュ力あるほうが勉強してきてくれたらラクなんだけどなあ、と心の中で思いながらクライアントに説明しています。

クライアントから見たクリエイター

▼なんで「業者」みたいに「数字」と「納期」で動いてくれないの？

やしろ　今度は逆に、クライアントからはクリエイターがどう見えているのかについて、ここまで出てきていない部分の補足をしていきましょうか。

福　原　大前提として、クライアントは基本的に会社員なんですね。だから誰に評価されたいのかといえば、上司です。そしてその評価の基準はたいてい納期や売上金額のように目で見て判断できるもの、数字です。だからこう言ってはなんですけど、クリエイターのことも数字を達成してくれる存在なのか、納期を守ってくれるのかという目線で見ています。

やしろ　いやー、そうなんですよね。

福　原　もちろん「この人の作品はすごいな」みたいな気持ちも当然持っています。でも、たとえば会社として「発売が一年間遅れて赤字が六〇〇〇万円出たけど、最高のクリエイティブだったから担当者の君を出世させます」とはなりづらい。

やしろ　そもそもここをわかっていないクリエイターが多いですね。そんなふうに思いたくない気持ちもわかりますけど。

福原　だから、さっき駆け出しのクリエイターから見たクライアントが「怖い」という話があったけど、逆にクライアントがどういう気持ちで無名のクリエイターに声をかけているかというと、「とにかく数を集めないといけなくて、安い価格と短納期で頼めるから」以外に理由がなかったりする。身も蓋もないことを言えばね。それなりに駆け出しのクリエイターが「良いもの作るぞ！」と思ってクオリティ追求のために納期をぶっちぎるとクライアントの怒りゲージが上昇していく。お互いに「この仕事に求められているもの」の想定にズレがある。

やしろ　そういうタイプのクライアントは中堅以上の作家とか有名クリエイターに対しても「ヒットさせてくれるんですよね？」みたいな、数字しか見てない感じで接してくるんですよね……。

福原　もちろん若手を発掘して育てるのが個人的に生きがいだとか、業界的に必要だからと使命感を持って新人と付き合って面倒をみようとか、長期的な視点で考えたときに駆け出しだけど有望な才能と今から仕事しておくほうが将来の利益につながるからと思っている、みたいな人もちゃんといますよ。でもそうではなくて入り口が「目先の数字」から入っている人間もいて、そういうクライアントはクリエイターを人というより数としてだけ扱いがちになる。そしてそういう態度で来られるとクリエイターは萎える。

やしろ　仕事を受け始めたばかりのクリエイターだと、声がかかっただけで嬉しくて、タチの悪いクライアントに引っかかってしまうことも多い。

福　原　悪意を持って「この仕事ではお金は支払えないけど、君の名前を売るチャンスになるから」みたいな人も一部にいる。まあそういう詐欺まがいのやりがい搾取は、長い目で見れば晒されて叩かれるリスクを背負っているわけですけど。

やしろ　当然ながら仕事を受ける側の気持ちとしては、こちらにリスペクトを持ってくれて「こういう理由でいっしょにやりたいんです」と言ってくれるクライアントのほうが絶対いいですね。

福　原　ただそうとは限らないし、クリエイターにリスペクトがあったとしても会社員は同時に数字も見ないといけないし、社内の力関係から超然とした振る舞いはしづらい。たとえばトラブルがあったときに担当者がどこまでも会社の側じゃなくてクリエイターの側に立ってくれたとしたら、その人はクリエイターからすると最高ですよね。でもそういう人が組織の中で出世できるかというと必ずしもそうとも限らない。担当者ごとクリエイターが沈む可能性もある。

やしろ　それでも気持ちとしてはこっちの味方でいてほしいですけどね。

福原　あえて露悪的な言い方をしますけど、クライアントが最大のコスパを生みたいのであればクリエイターと信頼関係を築くことが一番安上がりになる。ビジネスとはいえ人と人との付き合いだから「この人のことは裏切れない」と思えばクリエイターだって締め切りも守るし、良いものを作る。信頼があれば多少安くても仕事を受けていいと思うし、トラブルも減る。

やしろ　マンガ家と編集者の場合でも、お互い信頼関係があるほうが絶対にいい仕事ができますね。

福原　これはクライアントに「数字ベースで考えるのをやめろ」と無理なお願いをしているわけではないんです。「数字ベースだからこそ」人間らしくクリエイターと接したほうが最終的にはコスパが一番良いので目先の利益にとらわれないでいて欲しいです。

▼SNSで一方的に内情を暴露する人がいて怖い

福原　クライアント側からクリエイターを見た場合には、何かあったらあることないことネットに書かれて燃やされるんじゃないか、という恐怖もあります。もちろん、クライアント企業とフリーランスのクリエイターでは構造的に前者の方はたいてい立場が強い。力を持った側の横柄な態度を抑制するという意味では、その緊張感自体が悪いわけではない。ただクライアントサイドからすると「こっちは普通にしていただけなのに、なぜかいきなりキレられて内情暴露された」みたいに感じるケースもある。

やしろ　炎上したらネットでは絶対クリエイターのほうが有利と思われるような風潮がありますからね。

福原　クリエイターが直接攻撃しなくても、ネット用語で言う「ファンネルを飛ばす」というやつで、クリエイターがファンを扇動して「○○さんは悪くない！」と思わせて突撃させるという間接攻撃のテクニックもある。実際にはトラブルが起きたときにはお互いの言い分があって、どちらかが0か100で悪いことというのは、普通はないいんだけど。

やしろ　でもトラブルを描いたルポマンガってほぼクライアントが悪者なんですよ。「こんなことされた！」と主張している作家のほうにファンは共感する。だけど、両方に取材して立場の違いを冷静に描くマンガなんて見たことないですよね？　本当はそこに偏りがあることに第三者も気づいてほしい。

福　原　アニメ業界でもだいたいプロデューサーか製作委員会が悪者にされるし、マンガ家と編集者でトラブルが起こったらほぼ編集が悪として描かれますよね。

やしろ　「企業側も声明文や謝罪文を出しているじゃないか」「反論しようと思えばできるけどしないってことは悪いと思ってるってことでしょ」と思うかもしれないですけど、理性的に反論しても企業側の言い分に耳を傾けてくれる人は圧倒的に少ない。謝罪文を出してもネット民からは企業の方が文句を付けられる。「本当は謝る気なさそう」「定型文かよ」「画像かよ」「もっと目立つところに大きく載せろ」「いまさら遅い」とかって。
ただ僕がクリエイターのみなさんにお伝えしたいのは、クライアントの内情を暴露する人には、仕事は来づらくなるということです。もちろん「完全に相手が悪い」と思うからネットに書きたくなるわけで、その気持ちはわかるし、それをやったことで盛り上がって、フォロワーやファンも増えて成功したように見えることもわかる。ひょっとしたら相談した友人や先輩クリエイターも「やったほうがいい」と言ってくれたのかもしれない。それでも中長期的に見ると良いことはないです。これは「泣き寝入りしろ」ということではなくて、トラブルが起こったら基本的にはまず当事者同士で解決を図るべきなんです。

福原　一般社会だと普通は最初に当事者同士で話し合う。それでも決裂したら次が民事訴訟を起こすか、メディアに持ちかけるか、でしょうね。たとえばメーカーと工場が発注―受注の関係だとして、その二者間でトラブルが起こったときに工場側が初手でネットに情報を晒したら業界的に相当にギョッとされる。

やしろ　いきなりネットに暴露してしまう作家には、当該クライアントはもちろん、別のクライアントも発注をためらうようになります。

福原　じゃあ、もしクライアント側がそこまで悪いと言えない状況だったにもかかわらず燃やされてしまったらどうしたらいいか。以前、東京大学で炎上の研究をしている教授と話したときに「炎上すると企業は対抗措置として何かしたくなるけど反論しても株は下がる。一番いいのは三日放置すること」と教えてもらいました。炎上して騒ぐ人たちは新しいネタに飛びついているだけで同じネタに三日も粘着しないし、ネガティブコメントの半分くらいはコメントを書く人全体のたった一割の人間が書いている、と。

やしろ　「ネットでたくさん味方を付けたぞ！」と思っていても、実際は声のでかい移り気な少数派が騒いでいるだけなんですよね。

福原　もし、燃やされたけど本当にクライアント側にそこまで落ち度がない場合には、過敏に反応せず無視していい。誠実に付き合っている限りにおいては、過度に恐れる必要はないです。悪かった場合はもちろん、クリエイター側に謝罪し、金銭なりで償う必要があります。

ただ、とはいえクライアントはクリエイターがそれまでのやりとりの中でストレスを抱えていなかったか、真摯に振り返ってみてほしい。実際には殴っている自覚がないまま二〇発くらいクリエイターのメンタルをえぐっているクライアントが多いんです。「このクリエイター、とんでもないことしてきたな」とクライアント側が思うときには、がまんを溜めに溜め込んだけれどもついにキレてカウンターを打った、というケースがよくあります。

▼問題なくやりとりできていると思っていたのに突然キレる

やしろ　いま言った「クリエイターが突然キレた（ように見える）」問題の補足ですけど、「いきなりキレる前に言ってくれよ」とクライアントは思うかもしれないですが、とくにフリーランスの場合「クライアントが生殺与奪《せいさつよだつ》の権を握っている」という感覚があるし、そもそもコミュ力もないから、ギャラのことも契約書のことも発注やリテイクに対する違和感も自分からはなかなか言いづらいんです。

福　原　そうね。クリエイターからすると納得はいっていないけど、すぐに言い返せなかったから黙っていただけで「口ベタだからクライアントに丸め込まれてしまった」と感じていたりする。で、ものをつくっているときは物理的にも精神的にもこもるから、夜中にひとりで作業してると悶々《もんもん》としてきてついに爆発したりする。ただクリエイターに言いたいのは、夜中に書いたブチキレメッセージを送りつけるとか、ネットにアップするのは危険だということです。いったん冷静になりましょう。

やしろ　クリエイターはキレる前に、おかしいと思ったことは都度都度クライアントに突っ込んだほうがいいですよ。顔色をうかがってハイハイ言っても不満は溜まっていくし、フェーズが進むほど取り返しがつかなくなってトラブルが大きくなっていく。

「おかしいでしょ!」っていきなりケンカ腰で臨むんじゃなくて、怒りや不信感は抑えて「これってこういう感じなんでしょうか?」と気になるところ、納得いかないところを丁寧な口調で「質問」していけばまずは十分です。それだけで横柄なクライアントには「あ、こいつはこっちの言いなりにならないな」と伝わるので横暴を抑止する効果があるし、ちゃんとしたクライアントはちゃんと答えてくれます。

福原　さらに言うとクライアントとクリエイターには、お金を出す側ともらう側という立場の違いに加えて、一般企業で組織の一員として働ける人と、絵や音楽一筋の人の違いもある。

やしろ　さっき言ったコミュ力の違いですよね。

福原　それがクライアントは「いきなり(に見える)爆発」はしないのに、クリエイターには起こりがちという傾向の違いにつながっている。たとえば子どものころから野球をやっていた人と大人になってから野球を始めた人が勝負したら普通は前者が勝つ。それと同じで、クライアント側の営業職が学生時代にバイトやカラオケ、飲み会、サークル活動に明け暮れてコミュ力を養っていたとしたら、クリエイター側はその時間を絵や音楽や執筆に捧げてきた人なわけです。だからクライアント側はクリエイターにも自分と同じくらいコミュ力があると思ってはいけない。それはクライアントが「私はプロのイラストレーターやミュージシャン並みの絵や音楽が作れる」と思うのと同じくらい間違っている。クリエイターの多くは、コミュニケーション強者みたいに、相手の振る舞いに対して抱いた疑問や発生した負の感情を、その瞬間に相手の機嫌を損ねないようにうまく伝えて自分が望む方向に軌道修正させる訓練とかを積んでいないんですよ。そういうときにすぐに言い返せなかったり大人の対応ができなかったりしたとしても不信感や傷は残るわけで、それをあとから反芻して溜めていくわけです。もちろん、バリバリ相性がいいオタクな人もいるんですけど（笑）。

やしろ　実際、クライアント側はクラスでカースト上位の陽キャみたいな人が多くてクリエイターはその逆なことが多いですよね。だから「ウェイ系VSオタク」みたいになりがちで、こっちはいつも気が引けてます。

福原　クライアント側はそれを理解してクリエイターが話しやすい雰囲気を作るべきだし、クリエイターの方が立場的にも性格的にも不満を溜め込みやすいと思って態度を省みたほうがいい。一方でクリエイター側も、負の感情をそのまま相手にぶつけるのはビジネスの世界では基本NGなので表向きは冷静に、でも納得がいっていない部分に関しては都度都度質問して、むりやり押し切られないように釘を刺していくのが大事ですね。

両者のスタンスの違い

福原　というわけで、ここまで語ってきたクリエイターとクライアントの基本的なスタンスの違いをまとめましょうか。まず「個人」と「会社」、「個人作業」と「集団作業」の違いがある。

やしろ　それがあるから、クライアント側の現場の人間が、上司からの圧があって「悪いな」と思いながらお願いしていてもクリエイターが察してくれずにキレて理不尽に思う、みたいなことが起こるわけですね。クライアントは組織の一員として動いているから、個人の感情だけで締め切りを延ばしたりできない。でもフリーのクリエイターは相手が自分と同じように「個人の裁量で動ける」と勘違いして「なんで融通《ゆうずう》をきかせてくれないんだよ」と怒ったり、怠惰《たいだ》に感じてしまったりする。

福原　フリーランスからすると「こっちに組織の論理を押しつけられても」と思うだろうけど、そもそも「組織の都合」が存在すること自体の認識がない人もいるから、最低でもそれは知っておいた方がいい。逆にクライアントには、会社員同士なら通じる感覚がフリーにはないので、会社同士の付き合いならのんでもらいやすいところも、そうはいかないと思っておいてほしい。

で、この「個人」と「会社」の違いに加えて、クリエイティブなアウトプットが求められる仕事と、各種の「業者」さんとの仕事との違いがある。たとえば引っ越しにしたって何かの工事にしたって、普通はなるべく安く、短納期でやってくれるところに発注しますよね。受注する側もそれがわかっていて金額とスケジュールで競合他社と勝負していたりする。だから一部のクライアントはクリエイターに対しても「業者なんだからちょっとのムリは聞いてくれよ」「値切って安くしてもらおう」と思っていたりする。

やしろ　僕らクリエイターは「業者」として受けているという気持ちはないから、そういう扱いをされると本当に傷つきます。

福原　たとえば出版物で言うと印刷所の人は基本的に個人名が出ないですよね。クレジットされるのは会社名だけです。でも小説家やイラストレーター、デザイナーの場合は個人名が出る。その人個人の名前が出るからこそ、クリエイターはヘタな妥協ができない。そこはクライアントサイドが理解しておくべきところ。

やしろ　担当者個人がやらかしたミスやトラブルが「会社の名前で世に出るほうがキツイ」とクライアント側は思うかもしれないですけど、現場の人間は転職したり部署異動したりすればその失敗をかなり隠せるんですよ。組織だって「体制を変更して生まれ変わりました」みたいなアピールができる。一方でクリエイターはペンネームを変えても作風でバレるから逃げようがない。どれだけ不本意な仕事であっても、クライアントにゴリ押しされてイヤイヤ出したものであっても、個人の名前で出してしまえば、それが永久に付いてくる。そのプレッシャーは全然違いますね。

福原　映像業界では、クリエイターが意図せざる改変を強制されたときなど「自分の名前で出したくない！　載せないでくれ」と思った監督は隠れ蓑《みの》用に「アラン・スミシー」という架空のペンネームを使います。つまり自分の意図とは違うかたちで出たときには名前を載せたくないと思うのがクリエイターなんです。単純に「儲かればいい」とは思っていない。クリエイターは対クライアント目線だけでなく常に同時に対ファン、対ユーザーという意識がある。だからクライアント側がBtoB仕事のつもりでクリエイターに接してきても、クリエイターからするとtoCの評判を下げたくないから譲れない。

やしろ　マンガ家でも、作家の名前が表に出ていないときは、本人がよほど出したくないときが多いですね。たとえば仮想通貨のPRマンガみたいなちょっとあやしい案件だと名前が書いていなかったりする。でもそういうとき以外には普通は名前を売っていきたいし、名前が出るからには妥協したくない。

福　原　この「個人」と「会社」の違いと「クリエイター」と「業者」の違いが重なるところで、クライアントが「アーティスト気取りで全然言うこと聞いてくれない」と思う事態が起こる。クリエイター側も名前が出るから自分のテイストを盛り込みたいという気持ちがあるのは当然だけど、とはいえ純粋な自己表現ではなく受注仕事、「作品」というより「商品」を集団で作っているものだということは理解すべきです。いずれにしてもサラリーマンは「上司」、クリエイターは「世間」に評価される事で生活が安定する——生きていくためのファイトスタイルが違うんですね。

第2章

準備

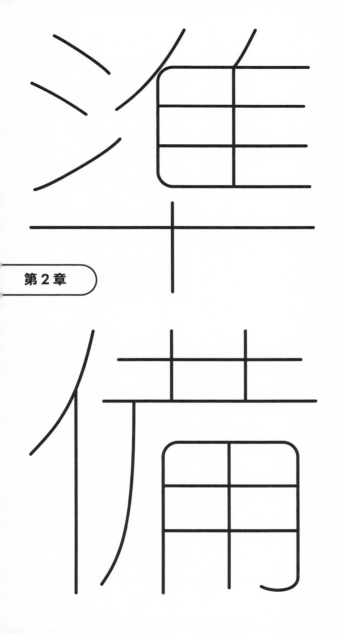

クライアント側の準備

福原　ここからは仕事のフェーズごとにクライアント、クリエイターそれぞれに意識してもらいたいこと、逆側からするとぜひお願いしたいことについて語っていきたいと思います。

やしろ　まずは受発注をして仕事に本格的に入る前の「準備」からですね。事故を避けるには、この準備がめちゃくちゃ重要です。経験上、駆け出しのクリエイターと若いビジネスパーソンの組み合わせがもっとも事故が起きてしまいます。マンガ業界の人以外には伝わりにくいたとえで恐縮ですけど「コミティアの島中で一般的にはマンガ同人誌と呼ばれる自主制作本を出してるくらいのクリエイター」が一番トラブルに巻き込まれている。

福原　なぜそうなるかというと、経験のない人ほど、受発注して作業に入る前段階の準備が不十分だからだよね。でも今はネットのお陰で社会人経験がなくて最初からフリーランスのクリエイターという人もいるし、クライアント側も若手にどんどんやらせていく傾向にある。だから事故の確率が上がっている。

やしろ　そこのトラブルを減らしたいですよね。

▼発注条件の提示――目的、金額、スケジュール、契約内容、納品形態などを先に示す

福原　そのために具体的に何をしたらいいか／お願いしたいか？「準備」の段階でクライアントにやってほしいのは、そもそも何を目的にその企画をやろうとしているのか、メインターゲットはどの層か、その目的達成の手段は自分たちだけで用意できないのか、どんなアウトプットをイメージしているのか、なぜそのクリエイターに頼みたいのか、を論理的に説明できるようにしておくことです。

やしろ　「当たり前じゃん」とか「ちゃんと詰めてから声かけてるよ」と思うかもしれないけど、こちらからすると「ずいぶん漠然とした状態でオファーしてきてんな」と思うケースは、普通にあります。

福原　僕がオファーを受けて初回の打ち合わせでクライアントからいろいろ聞き取りして課題や打つ手を整理していくと最終的に「それってウチがやらなくても、御社が自前でできませんか？」「……そうですね。ありがとうございます」と言って帰られちゃ

うことがあるんですよ。「あれ、俺、タダで相談乗っただけ？　コンサル料くれないかな」と思うことがある。

やしろ　（笑）。いやでも、それ僕もあるわ……。これから一緒にやっていこうとアドバイスしたつもりなのに、全てそれを持ち逃げされるみたいな……。

福原　そもそも全体の戦略を考えるところからクリエイターに振るのは、さすがに違う。それは本来クライアントの企画なりマーケティング担当の仕事ですから。そこから外注するのであれば、まずコンサルやマーケティングプランナーに頼んで方向性を決めてから、クリエイティブを担当する人や制作会社に持っていくべきですね。

やしろ　「いっしょに企画を考えましょう！」と言ってくる人もいますけど、「じゃあその作業にかかるカネくれよ！」と思いますね。実現するかどうかわからない企画を考えさせておいて無償労働ですか？　となるので。

福原　この本、このあともやしろ君がたびたび「こういうときはお金をください」と語る場面がいくつか出てくるんですけど、先に断っておくとこれはやしろ君がカネに汚いとか守銭奴とか銭ゲバということでは全然なくて、そのくらい「本来、お金を支払うべき場面でフリーランスのクリエイターにタダ働きさせようとする人が多い」

んです。多少サボるとかして、結果としてムダな作業になることをしたとしても毎月給料がもらえるサラリーマンと違って、フリーのクリエイターはギャラが出ない稼働をしたらその分、ある意味損しているわけです。お金が出ない無意味な打ち合わせや作業をする時間の分、お金が出る作業に時間を割きたいと思っている。そこはクライアント側の会社員に認識が足りないことが多いですね。

やしろ　お金と言えば、打ち合わせの最後の方でお金の話をされて「その金額だとそもそもムリですね」となってそれまでの時間が丸ごとムダになることが多いので、金額はなるべく早い段階で提示してもらえると助かります。ギャラを含めた発注条件を先に言ってくれれば、そもそもその依頼が自分にマッチした依頼なのか、その予算の範囲内で制作できるのか、納期は間に合いそうかの見当が付けやすいです。

福原　それから映像やゲームなどの集団制作物の場合、クライアント側は最初の打ち合わせの時点で、どこからどこまでの作業・制作をクリエイターに頼みたいのか、プロジェクト全体のワークフロー（仕事・作業の流れ）を整理して伝えると話が進みやすい。「こういう流れの中の『ここ』をやればいいのね」がわからないと、クリエイターは自分に適性のある仕事なのかもわからないし、頼まれても手を動かせません。

▼自己紹介——その手の仕事経験の有無を伝えてクリエイターの心理的コストを下げる

福原　また、クライアント側が準備することとしては、「自己紹介がてら、依頼する仕事に関する知識量について触れる」もあります。よくあるんですよ。たとえ話ですけど「フランス料理のフルコースを作っていただきたく」「わかりました。ご予算は?」「三〇〇〇円です」みたいなオーダーが。

やしろ　(笑)。いやでも、普通にありますね。

福原　もしクライアントがそういう依頼をすること自体が初めてで、全体的な制作のフローや依頼内容に関する金額の相場がわからないならそれは仕方ないんです。だからそういう認識のズレを解消するためにも、知識と経験の有無を正直にクリエイター側に伝えてほしい。「過去にこういう仕事をしたことがあります」とか「アニメの仕事は初めてですが前職は実写の映像制作会社にいました」みたいに、直接その領域でどのくらい経験があるのか、直接はなくても隣接した業界にいたからなんとなく理解しているのか、はたまた右も左もわからないのか。

やしろ　これは間違いなくそうですね。その人とコミュニケーションすることに対する心理的コストが下がって、やりとりがしやすくなります。

福原　たとえばまったくの異業種とか名前も知らない外国企業から発注があったら、クリエイターはちょっと身構えるわけです。「シティポップっぽい色味でどうですか？」と言ってもそのたとえが通じないかもしれないし、逆に向こうの国ですごい流行ってるドラマをたとえに出されてもこっちはわからないわけだから。でもそこでクライアント側が事前に知識量や出身を添えていれば「あ、意外と日本のポップカルチャーについてわかっている人だな」とか「これはなかなか骨が折れそうだから、一から説明するコミュニケーションコストも含めてギャランティを提示した方がよさそうだな」みたいにクリエイター側がオファーをジャッジしやすくなる。

やしろ　大事なのは「盛らない」ことですね。僕が経験した事例で言うと、マンガってていきなりペン入れするわけではなくて、その前にコマを割ってラフにキャラを配置してセリフを入れた「ネーム」を作って、その段階で一度内容をすり合わせてからペンを入れていくんですけど、マンガについてよく知っている風でこちらに接してきたクライアントにネームを送ったら「何、下描き出してんですか？」とキレられてしまったとか、ネームにオッケーを出したのに仕上げが終わったあとで「これやっぱ直してもらえます？」と言われて「いや、それはネームのときに言ってもらわないと今から直したら手間がかかって大変なんですよ」と伝えるハメになったといったことが実際あります。

福原　それはやばいね。

やしろ　これは決して「経験がない相手の依頼は受けない」という意味ではないんですよ。何も知らないなら「初めてなんです」と教えてくれれば「正直でやりやすそうな人だな」と好印象になります。どこまでは知っていてどこからはわからないかのイメージが付くと、お互いにダメージが避けられるんです。

福原　ただ、これを実践しているクライアントってあまりいないですよね？

やしろ　いないですね。

福原　実はここはアウトプットのクオリティに直結するところだから、クライアントは面倒がらずに絶対にやったほうがいいと思います。「こっちはクライアント様だぞ」「俺はいろいろ経験があるんだ」みたいなマウンティングは、対「業者」の条件交渉では有効なのかもしれないですが、対クリエイターでは全然プラスに働かない。

やしろ　ちょっと偉そうな言い方になって恐縮なんですけど、企画を成功させたいのであればクライアントもある程度「勉強」が必要だと思います。たとえば「ゲームの案件をお願いしたいのですが」と言ってきた広告代理店の人がそのゲームのことを何も知らないと、勘所《かんどころ》を外して失敗しやすくなってしまう。僕が実際経験した話ですけど、マンガのなかにそのゲーム特有の表現をこちらがわざわざ入れたのに、それを理解しないで担当者がNGを出したり、「こんなに血を出したり爆発させたりしないでください」とリテイクを出してきたりして面食らったことがあります。『モンスターハンター』の案件なのに「モンスターもハンターも出すな」と言われたようなものなので、仮にこちらがその注文を呑んだとして、成果物が世に出たら「やしろあずき、何もわかってねえな」と思われてしまう。無知や不勉強によって得する人はいないんです。

福原　生きものは弱みを見せることに対して「狩られるんじゃないか」「攻撃されるんじゃないか」と潜在的な恐怖を抱いている。だからこそ、知ったかぶりをして自分を強く見せがちなんですよね。クライアント側からすると自分の無知を隠そうとすることは、ワインに疎いのにフランス料理店で頼まないといけないときの感覚に近い。「まったくわからないです」と正直に言うとソムリエに「じゃあ高いやつを飲ませておこう」と騙されるんじゃないか、みたいな不安がある。だからウソでも「俺はわかってるからな。お前はきちんと仕事しろよ」と威嚇《いかく》するような振る舞いをしてしまう。

やしろ　でも「このクライアント、ぼったくれそうだな」とか考えて「4コママンガは基本的に三〇〇万円からでないと受けられないです」みたいにふっかけるクリエイター、いますかね？（笑）。

福原　残念ながら一部にはいますけど……でも、見るからに高圧的に金額を提示してくるような人を除けば、基本的にはクリエイターに対しては性善説で接すればいいと思っています。発注前の段階では、たとえるなら寿司屋で「何がいいかわかんないんで、大将にお任せします」「何貫くらいいきますか」「とりあえずまず五、六貫ください」「苦手なものは？」「貝類はちょっと」程度のやりとりができれば十分なので。

やしろ　クリエイターが気合いを入れて、すっげえうまい肉を出したあとでクライアントから「いや、ヴィーガンなんですけど」みたいにならないようにしたいですよね。僕はゲーム会社勤務時代、絵を発注する立場だったときには絵の描き方のフローを勉強したり、お願いしたい相手についてはこれまで何を描いてきたのかを調べたり、ある程度理解してから発注していました。

福原　それが最低限の礼儀、ビジネスマナーだと思います。
あとは知識ギャップのすり合わせという意味だと、クライアントは対象のコンテンツやメディア（イラストや映像）の制作フローに対して勉強しておくだけでなく、技術的なことも多少わかっていたほうがいいですね。僕の経験でも、クライアントからロゴマーク制作の依頼を受けて「参考にするのでこれまでのロゴをください」と伝えたらギザギザな低画素のＪＰＧファイルで送られてくるとか、「Adobe の Illustrator のデータで送りますね」と言っても「何ですかそれ？」みたいに言われたことがありました。そもそも向こうのＰＣにイラレが入っていないから開けないとか。それまでの仕事でまったく使ってこなかったなら仕方ないんですけど……。GigaFile 便のような大容量ファイルの転送サービスを使えない人もいて、こちらとしては驚きますね。

やしろ　たしかに！　バイク便でＵＳＢメモリにデータを入れて送ってくる人、いましたね。そのときは「バイク便を使わなくても便利なサービスがありますよ」と説明しました。案の定「情報漏洩《ろうえい》が云々《うんぬん》」と言われましたが……。「ＡＩファイルって知らないんですけど」とか「レイヤー構造ってなんですか？」とか言われても、こちらとしてはググってもらえればわかることをわざわざ説明したところでだいたい無償労働になるので徒労感がすごい。クリエイターからするとそういうやりとりについて「成果物以外の手間賃も追加でもらいますよ」とは言いづらいし。メールで受発注のやりとりを済ませてしまうと相手の知識量も人間性もわかりづらいし、上司から振ってきた発注をこちらに丸投げしてくるだけのマシーンみたいな現場の人もいるので、クリエイターサイドからすると技術まわりは特に事前確認が難しく、事故予防がしづらい部分です。

福原　わからないことはお互い質問して答えあうのが基本だけれども、ググったらわかるレベルのことは聞く前に調べたほうが相手の業務とストレス軽減になるよね。まとめると、クライアントに必要なのは「ごめんなさい、全然わからなくて」と言える素直さと発注する案件・領域に対する最低限の予習ですよね。と同時に、クリエイター側も仕事相手に対して「このくらい当然知っているだろう」ではなくて初期段階でクライアントの知識レベルを可能な限り把握する。受発注したあとも制作フェーズごとに「この段階から先に進んだあとは修正が難しい」「こういうファイル形式で送りますけど開けますか?」等々を確認しながら進めると、なお安全ですね。

▼指名した理由を伝える

やしろ　クライアント側の発注前の準備という意味では「業界知識の勉強」に加えて、少しでいいから「オファーする相手の作品に触れておく」もありますね。クリエイターからすると、依頼文にはひとことでいいから過去の仕事についての感想も添えてくれると嬉しい。作品内容に惹かれて頼んでくれたんだと信じさせてくれれば、こちらも心を開けますから。

福　原　言いかえると指名した理由を伝えるということですよね。そういうのは対クリエイターに限らず優秀な営業マンならみんなやっているんですよね。相手のことを調べる、きちんと相手の話を聞く。

やしろ　でも実際にはひどい依頼が無限に湧いてくる。InstagramのDMで僕に避妊具や美容化粧品の絵を頼んできたりして「僕の作品、読んで提案してます？」って聞くと「いや、読んでないです」と。フォロワーの数だけ見て定型の依頼文をコピペして次々送っているんですね。だから名前も平気で間違える。

福　原　クライアントはクリエイターに対する依頼文を送信する前に相手の名前のところを絶対にもう一回確認する。これも基本ですね。複数人に一斉にオファーをかけていたり、コンペ形式のお願いだとコピペで名前のところだけ変えて依頼文を送ったりするからミスが起こる。でもたとえば、好きな人に「付き合ってください！」って告白するときに相手の名前を間違えないですよね。それと同じくらい失礼。

やしろ　ただ、作品を見てくれた上での依頼でも全然褒め言葉になってないものもあるんですよ。「○○さんの絵に似てますね！　ぜひ似せた絵を描いてください！」とか。

福原　(笑)。

やしろ　好きで誰かに似せているのって駆け出しのクリエイターくらいじゃないかな？　もちろん参考にしている作家さんとかは、それぞれいると思いますが、参考にしつつもオリジナリティはしっかりとあると思って描いてるわけで。言われて「やった！嬉しい！」ってことはほぼないと思うんですよ。悪気ないのはわかっていても傷つくので、マジでやめたほうがいいです。

福原　話を戻すけど、その道のトップの人ほど「なぜ自分に頼んだのか？」という指名の理由を重視しますよね。このまえある有名な声優さんから「なんでこの役、頼んだんですか？　どうせ『話題になりそう』とかって思ったからでしょ？」と冗談半分本気半分で聞かれて「もちろんそれもありますけど、こういう作品だから○○さんのこのスキルがマッチすると思ったんです」と伝えたら「じゃあ、信じてやってみます」と言ってくれました。僕がすぐ理由を言えなかったとしても「降りる」とは言わなかったと思いますけど、変な空気にはなったと思う。気難しい人だったら、話が流れることもあるかもしれない。

やしろ　僕も断るときは「作風に合わない商品を紹介させようとしているな」とか「どういうファンとどう交流しているのかわかっていれば俺に振らないだろう」という依頼内容であることが多いですね。もちろん、僕がやったことがないような仕事でも「やしろさんの絵柄でこういう切り口で描いてもらえたら、今まで届いていなかった人たちにも届くと思うんです」みたいに、こちらの今までの流れを踏まえた上での新しい提案だとわかれば「やってみようかな」という気持ちになります。

福原　僕は作品が好きになった相手に対しては「今すぐでなくてもいつか仕事したいです」とDMを送ることが多いんですね。そのあとその人が売れていったときに「バズってから声かけてきた人でしょ?」と思われるより「あのときから追いかけてくれた人だ」と思ってもらいたいじゃないですか。その方が気持ちよく仕事を受けてもらえるかな、と。

やしろ　僕もそれに近い経験ありますよ。学生時代から僕のファンだった子が広告代理店に就職して仕事をオファーしてきたときはすごく嬉しくて、もちろん引き受けました。クライアントがクリエイターのファンだとうまくいくことが多いんですよ。理由は簡単で、クリエイターがやってほしくないことを依頼してこないから。やりがいも感じますし。

福原　コミュニケーションコストがかからないことがわかる相手とはお互い仕事がしやすい。でも逆にクリエイターからするとめんどうくさいことが確定してるな、と感じる案件もある。

やしろ　そういう相手に対しては若干高めに金額を設定させてもらったり、あらかじめ「こうなら受けます」と条件を提示させてもらったりすることが正直あります。

福原　ほかにクライアントからのファーストコンタクトのフェーズに関してイヤな経験とか、注意してほしいことってあったりする？

やしろ　まだ僕が一番嫌いなパターンのオファーについて言ってないですね。

福原　何？

やしろ　「なんでもいいんで適当にバズらせてください！」っていう依頼です。

福原　（笑）。

やしろ　作品のクオリティではなくて、世の中に出したあと「バズる」みたいなコントロール不可能な反響をクリエイターに約束させるようなお願いはおかしいんですよ。しかもその方法をこちらに丸投げ。これはクライアントの仕事の放棄なので、ちょっと勘弁してほしいですね。「われわれはここが得意なんですが、やしろさんにはこれこれこういう理由でこんな感じのものをお願いしたく、結果もしバズれたらいいなという気持ちです」ならいいんですけど。

福原　「バズらせて」って丸投げされるのって、初対面の人に「なんでもいいからうまいもの食わせてくれ」って言われるようなものだから、かなり難しい。料理人だって、どんなものが好きな、どこの誰に対して料理を作るかによって出すものは全然変わってくる。

やしろ　それでそのざっくりした依頼に対して頭ひねって考えたものが跳ねなかったらクライアントは「なんだこいつ？」と思うわけだから、『なんでもいいんで適当に』なんてウソじゃん」と、僕からすると理不尽に感じます。

福原　バズやヒットが約束できるなら誰も苦労しない。だからそうなってほしいという気持ちはすごくよくわかるものの、「バズらせて」「ヒットさせて」は「ちゃちゃっと」と同じくクライアントが禁句にするべきワードですね。

▼参考作品の提示――成果物ができるまでイメージ共有が困難な仕事では重要

やしろ　「準備」で重要なのはレファレンス（参考作品）をお互い提示する、ということもありますね。

福　原　クライアント側がどうしたいのかが不明瞭だとクリエイターもどんなものを作ればいいのかわからなくて困ってしまうので、最初のオファーまたは打ち合わせの時点で「こういう感じです」と共有できるレファレンスがあったほうがいいですね。1章でも言った「新海誠監督みたいなCM」というオファーの仕方は「新海誠クラスにヒットさせてくれ」という意味でないなら――プラス、実現可能性やこちらが受けたくなるものかどうかを無視すれば――やりたいこと自体は明確で、その点に関しては悪くない。

やしろ　ただあんまり決め打ちで「絶対にこの色で、この雰囲気で」と来られても、それはそれでやりづらい。

福原　クライアント側はあくまで方向性を示す叩き台として用意する。そのくらいのものなら「そういうことがやりたいなら、こんなのはどうですか？」と作る側も提案しやすい。
ただ、レファレンスがあったとしてもよく起きる問題が、同じものをベースにしていても「え？　そっちを見てたんですか？」とズレること。たとえば「コカ・コーラみたいな感じ」と言われてそれを「甘い炭酸水」と捉えるか「黒い飲み物」と捉えるかがズレる。「新海誠っぽいものを」とオファーしてきた人がイメージしているのが「青い空」なのにクリエイターが「モヤモヤした失恋」をピックアップして作ったら大惨事になる。そういうことを避けるためには、クライアント側が「この作品のコレ」「あの作品のここの部分」みたいに要素を細分化してモンタージュを作るように発注できれば最高。
やしろ　クライアント側は「そんなの準備するの面倒くさい」とか「素人が考えるよりクリエイターに任せたい」と思うかもしれないですけど、先にイメージのすり合わせはしておきたいですね。齟齬があると後から大直しになってお互い大変ですから。
福原　レファレンスの件で最近多いのは、今は「みんなが知っている作品」が減っているから、向こうがいろいろたとえてくれるのにこっちが何もわからないこと(笑)。逆に僕ら世代には常識でも若い子には『ドラゴンボール』のたとえが通じなかったりするので、伝わっていない表情を察したら『鬼滅の刃』でたとえ直したりしていきます。世代や業界によってここでも「常識」が違うので、クライアント側は、頼む相手に伝わりそうなレファレンスを選ぶ。そのうえで何に着眼点をおいているか、色、かたち、雰囲気などを個別に伝えるといいですね。

クリエイター側の準備

▼自信がない相手には発注をためらうというクライアント心理を理解して堂々と振る舞う

やしろ　ここからは反対にクリエイターがクライアントとの最初の打ち合わせまでに準備した方がいいものについて話していきましょう。

福原　クリエイターにお願いしたい「態度」なんですけど、クライアントからすると自信なさそうな人には発注したくないんですよ。クライアントサイドがわからない、できないことだからこそ外部に発注するわけです。たとえば寿司屋に行って「シャコください」って言ったのに「シャコってなんでしたっけ？」と返されたら「大丈夫か？」と思ってしまう。不安になるから、たとえ駆け出しであっても過度な謙遜《けんそん》や卑下はやめてほしい。逆にハッタリでできないのに「できます！」と強がられても困るけど。

やしろ　ただ、やったことがないような仕事でも「できます！」と言わないともらえないこともあるので、僕はそういうときは「できます」と言ってきましたね。実際、締め切りに関しては「いけます」と言ったのに守れなかったこともありましたけど、クオリティに関してはできなかったことはないです。ハッタリをかましたとしても、実際できるように自分に仕向けていくタイプなので。それで成長していった感もあります。

福原　「できる」と言って実際できたなら問題はないんだけど、発注側が「この人で大丈夫か」という判断ができないこともあるから、受け手側が騙したことにならないようにしないといけない。「ギャグマンガならいけるけど少女マンガはちょっと」みたいな、今までしてきた仕事とカテゴリが違うから自信がないケースもあると思うから、それは全然言ってほしいけどね。基本的にはプロとして正直に、かつ堂々としてほしい。

▼ポートフォリオの用意

やしろ　クライアントからのオファー〜最初の打ち合わせまでにクリエイターが用意しておくべきものと言えば、今までの仕事・作品のポートフォリオですね。これはアナログでもデジタルでもいい。なんなら誰かから仕事を頼まれる前から公式サイトに置いておくべきだと思います。

福原　これもクライアントとクリエイターで前提や情報をすり合わせて、あとから不本意なことにならないようにするための作業だよね。クライアントが用意したレファレンスだけでやり取りをすると、結果的にクリエイターが自分のタッチで表現できない作品になるリスクがあります。

やしろ　クリエイターからしたら「この方向性を自分のタッチで制作したらいいんですよね」と思っているのに、クライアントは自分が用意したレファレンス通りのものを期待していることもありますからね。

福原　なのでクリエイターとしては自分の作品もあらかじめ見せておいて「依頼内容を自分のテイストで表すとこうなりますよ」と認識を合わせておいたほうがいい。

やしろ　マンガ家やイラストレーターなら自分がどういう感じのタッチに対応できるのかの「幅」がわかるようにしたポートフォリオの方がいいですね。クリエイター側から「そういう依頼ならこんな感じでいけます」「こういう表現もできます」、プロモーション案件なら「こういうtweetができます」と最初にクライアントと共有しておくと最終的なアウトプットのイメージの共有がしやすい。

福原　マンガ家や絵描きはTwitterに作品を貼っていることが多いけど、SNSを深く掘らないクライアントもいる。だからいろんなタッチで描けるとか、そのクリエイターが直近話題になったのはこういうタイプの作品だけど本来こっちが得意、といったことを知らなかったりする。クライアントがそのクリエイターの作風の全貌を知らない前提でポートフォリオは作った方がいい。

やしろ　僕は受けた案件のtweetをまとめておいて「僕はギャグマンガ家だから、こんな感じでの空気感で煽ったりできます。その持ち味が出せないなら受けられません」と最初に伝えるようにしています。依頼を受けたあとで「おいおい、ふざけた描き方しないでくれよ」と言われても困ってしまうので、自分の作風を理解してもらうためのテンプレとしてポートフォリオを用意しています。ただ、駆け出しの人に関しては自分の作風と合う／合わない以前に「なんでもいいからオファーがあったら受けたい！」という場合もあるので、このやりかたが万人にとって正解とも言えないですが。

福原　いろいろな仕事をやってみたい人もいれば、最初から自分の作風にハマるものしかやらないタイプもいるから、どのくらいポートフォリオで作風の幅を示すのかはクリエイターの性格次第ですね。最低限考えておくべきは、リテイクを受けてでも商業クリエイターになりたいのか、自分のクリエイティブに口を出されるのがイヤだからアーティストとしてやっていきたいのか。言いかえると売れたいのか、作家性を追求したいのか。そのどっち寄りなのか。

やしろ　僕はビジネスパーソン的な志向もあるので、最初のうちは選り好みせずにあれこれ受けていました。でも経験を積むなかで「こういう仕事は二度と受けない」「これはやる」と方向性が定まってきて、今に至ります。アート寄りの人は無名の新人時代から受注するしないの段階からこだわっていますけど、消えていく人も多い。うまくやっている人の多くはビジネス志向があるタイプですね。

福原　そこは良い悪いではなく向き不向きなんですよね。ただアート志向なのに「金持ちになりたい！」とか、ビジネス志向なのに「表現を追い求めたい！」はなかなか成立しづらい。経験が少ないなら余計に二兎《にと》を追うのはやめておいたほうが無難です。

▼SNSやウェブサイトの充実

福原　今はクライアント側もクリエイター側も、相手の名前をネットで検索してから受発注するのが普通です。だからクリエイター側は評判の悪いクライアントとの仕事は警戒する。逆もしかりで、クリエイターへのネット経由での依頼も当たり前だから、ポートフォリオを用意しておくだけでなくてSNSのアカウントを充実させておくことも重要。クリエイターとしてのアカウントであれば、普段感じたことをやたらとつぶやくよりも、自分の作品を発表していく方がクライアント側に作風を周知できる。

やしろ　全然調べずにオファーしてくるクライアントもいる一方で、SNSをめちゃくちゃチェックしてからオファーするクライアントも少なくないんですよね。「仕事の依頼が来ない」という人を見ていると、Twitterを荒く使っていて、いろんなものをディスりまくっていたり、バチクソにエロい絵やAV女優の画像を山ほどリツイートしていたりする（笑）。「どんなリスクがあってもTwitterはひとつのアカウントで好き放題やる」と覚悟を持ってやるなら話は別ですけど、そうでないツイ廃はクリエイターとしての告知や営業用アカウントと日常用のおしゃべりやおふざけのアカウントは分けた方がいいと思います。

▼おおよその受注金額の幅を決めておく

やしろ　それから、受注前にどんな仕事ならどのくらいの金額で受けるのかという目安をクリエイターは自分の中で持っておいたほうがいいですね。

福　原　金額や権利交渉に関して、クリエイターは二極化していて、やたら主張するタイプかまったく無頓着かということが多い気がする。

やしろ　クライアントと条件交渉すること自体は全然悪くないと思いますけど、福原さんの言う前者の場合、態度が悪いってことですよね？

福　原　そうだね。人気にあぐらをかいているクリエイターだとたまにいるんです。価格設定の根拠も示さずこちらが提示した金額に対して「自分がやるなら3倍違いますね」と強気に言ってきたり、「この商品を宣伝してくれたら一〇〇万円支払います」という条件を提示しているのに「商品の宣伝はしないけど一〇〇万円ください」と言ってきたり。

やしろ　「最初にふっかけてそのあと下げていくのが交渉術の基本だ」と言う人もいますから、それが悪だと思っていないんじゃないですか。良い条件を引き出すための手段だとしか思っていない商売人タイプもいる気がします。

福原　値段を吊り上げたいだけなのが透けて見えているのに「福原さんは俺の苦労をわかってない」とか言われると、僕はすごくめんどくさく感じる。それで「予算オーバーなのでお願いできません、ごめんなさい」と言ったら「いやいや、じゃあやります」とかって手のひらを返してくるとか。こっちのことを金づるとしか思っていない感じで接してこられると、知名度や実力に関係なく「そこまでして頼みたくないな」と思っちゃう。

やしろ　交渉のときに相手方にあんまり強気に振る舞われたり足元を見られたりすると印象が悪いですよね。そういうお金にうるさい人もいる一方で、逆にお金に全然無関心で「どうでもいいから決めてくれよ」と思っているクリエイターもかなり多い。

福原　そうだね。

やしろ　最近はお金まわりでの炎上も目立ちますけど、お金にあまり執着がないと思っているタイプのクリエイターもあらかじめ「だいたいこのくらいの分量ならいくらで受ける」という目安を決めておいたほうがいい。そうしておけばトラブルが回避できるし、交渉もラクになる。

福原　なによりトラブルが起きたときにこそ「ちゃんとお金が回収できて気持ちの整理が

付く」ことにつながる。ふだんはお金にあまり頓着しない人でも、相手に対して腹が立つ揉め事が起こったときには「とりあえず追加で支払いしてもらえることになったからいいか」みたいに金銭が落としどころになって感情が収まることがあるからね。

やしろ　ただ難しいのが、クライアントは見積もりがほしいし、クリエイターは予算が知りたいということですね。

福原　金額の目安を決めようにも、お互いに探り合いになっている部分がありますよね。クライアントが何をやりたいかがわからない段階ではクリエイター側も見積もりが作れないし、依頼したクリエイターのふだんの仕事の相場や同じような仕事の業界標準の金額がわからないとクライアント側も初手が提示できなくて困っていることもある。ここは双方の悩みどころですね。アニメ業界だと「動画一枚何円」みたいな共通認識があるけど。

やしろ　会社によっても業界によっても相場が全然違うんですよね。PRマンガとそれ以外のマンガでも相場が全然違うし、PRマンガでも同じような内容なのに案件の予算によってまったく違いますし。僕の場合、テンプレを作っていて、「このくらいの金額ならこういうことができます」と予算に応じてオプションの幅を示せるようにしています。

福原　それはいいね。

やしろ　クリエイターにお願いしたいのは、ふっかけるのも問題ですけど、駆け出しだからといってあまり安く受けすぎないでほしい。その人にとってもたいしてお金をもらえないと結局キツイわけですし、ダンピングした人のせいで業界全体の相場を下げることにもつながりかねないので。

福原　テクニック的に言うと、僕はキャリアの最初のうちは多少安く受けてもいいと思っているんですね。そうやって仕事を増やしていってスケジュールが埋まってきたら「金額を上げさせてください」とお願いしていく。それで乗ってこないクライアントを切っていけば自分の仕事の相場ができていくし、受けすぎてパンクすることも避けられる。相場は調べたほうがいいとは思うものの、ネットの情報はあてにならないことが多いし、同業者であってもさっきやしろ君が言ったように業界や会社が一歩違えば全然違うこともある。だからあくまで自分の中で常識的だと思える金額でスケジュールがパンパンになるまではがんばる、くらいが現実的なんじゃないかな。

やしろ　なんにしても、仕事が始まる前にお金のことは決着を付けたいですね。クリエイター が「いくらもらえるんですか」と聞くのは失礼でもなんでもない当たり前のこと なので、臆せず言ってください。カネの話をまったくしてこないとか、聞いてもの らりくらりと明言を避けるクライアントは相当あやしいので、仕事を受けるのはや めたほうが無難かなと思います。

福　原　ただ悪気なく本当に相場がわからないクライアントもいる。だからクリエイター側 はいきなりブチ切れたりせずに、その相手が誤魔化そうとしたり買い叩こうとした りしているのか、それとも単純に知識がないだけなのか、ギリギリまでどっちの可 能性もあると思って接したほうがいい。

やしろ　そうなんですよね。純粋に相場がわからなくて常識外れに安い依頼をしてしまった だけなのに晒されて炎上した人もいますから。だからこそ自己紹介が重要なんです けど。

福　原　クライアント側が相場のことをわからなくて困っているなら、たとえば「やしろさ ん、過去にやったこのタイアップは一本いくらで、どのくらいの期間で制作されま したか？」ってクリエイターに対して他の作品を参考に聞けばいいんですよ。その瞬間にどちらかにとって「その金額ではムリ」とわかることもありますから。逆もしかりで、クライアント側だって予算の上限とスケジュールは決まっているわけですよ。だから、クリエイター側に企画趣旨を伝えた上で「予算これくらいでいつついつまでにお願いしたいんですが、どうでしょうか」と相談する。それで「スケジュールがこれくらいならいけそう」とか「その金額なら背景なしの絵でいいならいけます」とか詰めていけばいい。知識や過去の経験の開示の件と同様、「こっちが先に予算や条件を提示した結果、足元を見られて損をしたらイヤだ」と思ってゴニョゴニョするのは悪手です。

やしろ　まあそれは僕らも同じなんですけどね。「普段二〇万でやってます」と先に言ったせいで向こうが予算一〇〇万で考えていたのに「あ、二〇万でいいんだ」ってなったらイヤですから（笑）。ただギャラの「下限」はともかく「上限」が予算の上限以上になりようがないのはたしかですね。予算がわかればその範囲内で「八ページはきついですけど、四ページならいけます」みたいに交渉できるので、予算感を共有するのはすごくいい。

福原　クリエイターのスタンスとしては、まずクライアントが自分の想定している適正な相場観の範囲内で発注してきたら受ければいいし、あまりに外れているなら断るか、どういう計算でその価格になっているのか聞いてみてそれでも折り合えそうになければ断る。クリエイターにしろ、クライアントにしろ、相場観がわからないなら過去作品のときどうだったのかを聞く。あとは作業量とスケジュールが折り合えば契約が成立するはず。もしもクライアントが予算を教えてくれない場合は、何か悪いことしようとしている懸念があるからクリエイター側は気を付ける、という感じかな。

▼時間あたりの作業量の限界値を把握しておく

福　原　受注前の「準備」としては、クリエイターが自分のキャパを把握しておくことも必要ですね。

やしろ　なんでもかんでも仕事を受けすぎて病む人がけっこういるんですよね。そうならないためには、どれだけ調子が悪くても一日これくらいはいける、調子がいいときに全力出したらこれくらいいける、みたいに自分の手の早さの目安と限界を把握しておくといいですね。これでスケジュール崩壊がある程度避けられる。

福　原　ただ他の案件が詰まっているなら理論値通りには進まないから、クライアントにはどのくらい忙しいのかを説明しておくことも必要になる。

やしろ　僕は「本気出せば二日でできる」と思っていても、実際伝えるときはそれより余裕を見て伝えています。だいたいトラブルがあったり急に体調が悪くなったり、予期せぬことで遅れていきますから。

あと僕は作業スピードに加えて「LINEだったら比較的すぐ返せます」みたいにコミュニケーションに要するスピード感もお互いに共有しています。クライアントは最初の段階で「どのくらい手が早いのか、すぐ対応してくれるのか」がわからないと不安だと思うので。

▼断る勇気を持つ

やしろ　作業量の見積もりができたとしても、仕事が来たら断れない人もいます。で、パンクしたり、「こんなのやりたくなかったんだけど」と思って病んだりする。僕のところには「本当は受けたくないんですけど、どうすればいいですか」というクリエイターからの質問がよく来るんですよ。「断ってしまうとその会社からもう仕事が来なくなるんじゃないか」「悪い噂が回って他の会社からも声がかからなくなるんじゃないか」という不安があるんですね。「全然そんなことないから、気にせず断っていいよ」と言っています。「やります」って言って途中で「この仕事、やっぱムリだ」となるほうが余計にやばい。その前に依頼段階で見切ってほしい。

福原　あやしいから断るとかじゃなくて、良さそうな案件だけど単純にスケジュールやテイストが合わないから断るしかないんだけど、その会社と関係を良好にしておきたい、みたいな場合なら、ちょうどよさそうな友達のクリエイターを紹介してくれたらクライアントからすると助かるかもね。断ると申し訳ないと思っていて、かつ、そういうことをする余裕があれば、ですけど。基本的には「スケジュールが合いません、ごめんなさい」で十分で、別にそこまでする義理はない。

やしろ　「やりたくないな」と感じた仕事はやらない方がいい。引き受けたとしても、モヤモヤしながらではうまくいかないです。

第3章

発注

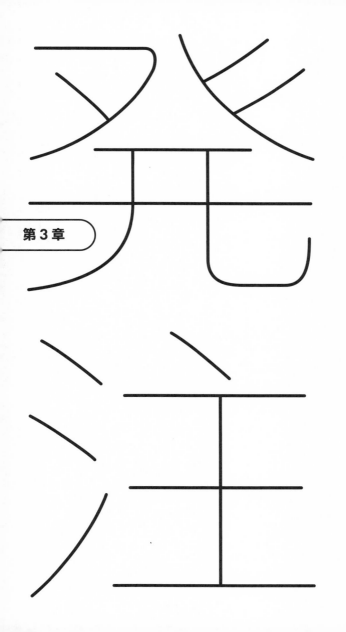

クライアント側が陥りやすいトラブル

▼クリエイターに対する失礼な言い方

やしろ　前章は正式な受発注以前の「準備」段階について扱いましたが、ここからは打ち合わせを終えて「発注」する（または「発注した」）という段階に関する注意事項ですね。

福原　発注はクライアント主導の部分ですので、必然的にクライアントに厳しめのことを言うことになりますが、その点あらかじめご了承ください。

クリエイターに対してクライアントがやりがちなことナンバーワンは、相手の工数や苦労がわからないことと、自分がスケジュールや予算を気にする立ち位置であるがゆえにナチュラルにたとえば「そのへんは丁寧にやんなくていいんで早くやってもらえますか」みたいに失礼なことを言ってしまう、ですね。クリエイターはクライアントが気にしていないところにまで注意を払って時間をかけて作業しています。見ているポイントが違うんですね。

やしろ　僕がよく言われる「適当にバズるやつお願いします！」も、そういう失礼な発言の類《たぐ》いですね。

福原　僕自身プロデューサーとしてクリエイターに対してうっかり言ってあとから「しまった!」と思うことがあります。近くにいる相手に対してすらそうなってしまいがちなので、ましてよく知らない相手に対してはより丁寧に会話したいですね。くわえて、業界や国による違いが齟齬の理由になることもある。国によっては質よりもスピードを要求されて「そんなに荒っぽいことはできません」と言うと「いいから、安く! 早く!」をとにかく優先させてくれと言われるときもある。文化が違うと何が「失礼」かの認識も違う。こんな風に「当たり前」と思っていることがズレているときは、お互いに「こっちはこういうことを大事にしている」と伝えた上で落としどころを探すしかないですね。

▼コンペ――コンペと隠してオファーする、不採用者に連絡しない、企画をパクる

福原　クライアントがクリエイターにオファーするもののなかには、いわゆるコンペ案件もあります。複数人のクリエイターに企画案やラフを提出してもらって、その中でクライアントが希望したものだけが採用されるケースですね。

やしろ　「コンペです」って最初からクリエイターに言うものなんですか？　僕はそういう経験はないんですけど。

福原　「コンペのエントリーとしてラフを出してもらうけれども、ラフに対してのお金は支払いません」とあらかじめ伝えた上で参加してもらうことも全然ありますよ。ここも事前にちゃんと伝えておくことが重要。というのも「僕はコンペはやらない」というクリエイターもいるし、コンペであることを隠して発注したあとで他の人に決まると当然揉めます。あとは、結果がどうであれ伝えるのか、落ちたときは伝えないのかも先にクリエイターに言っておいたほうがいい。

やしろ　「落ちたときは連絡しません」って先に言う手間をかけられるなら、結果もちゃんと伝えてほしいですけどね（笑）。

福原　基本そうだよね。結果を伝えないで放置してしまうと「あれどうなったんだ？」とずっと思われることになって長期的にそのクリエイターとその周辺の人からの評判を下げることになる。……ただ、そうは言うものの僕自身、落ちた相手に連絡を忘れてしまうことがあって、気づいたときにはすぐ謝っています。

やしろ　落ちた相手に対して気まずくて連絡しづらい気持ちはわからないでもないんですよ。

福原　正直、僕らも気まずいことは突っつかれるまで言わないですから。

やしろ　（笑）。

福原　ですけど、決まらなかったときでもクライアントには連絡してほしい。就活の「サイレントお祈り」と同じで悪ですよ。ひどいと「あれ、どうなりました？」と結果について問い合わせてもガン無視。あと、マンガの仕事をオファーしてきて、ラフどころかペン入れさせたあとに「やっぱムリでした」「え？　コンペだったんですか？」という後出しパターンもある。当たり前ですけどラフやネームを出して「これでOKです」と言われたら「この案件決まったんだな」と思って作業を進めちゃうんですよ。だからクライアント側はコンペなのかどうかを先に伝えるべきだし、採用されなかった相手にはなるべく早く伝えてください。

やしろ　ギャラの出ないムダな作業をなくすという意味では、クリエイターからも確認したほうがいいかもしれない。「念のため聞きますけどこれ、確定ですか？　コンペじゃないですよね？」って。

福原　でもクライアントから事前に「コンペです」と言われない場合に、それを疑ってわざわざ問い合わせるのは難しいですけどね。ちなみに、一部にコンペ自体が悪だと思っているクリエイターもいますが、コンペだと隠して参加させることが悪いのであって、コンペであること自体に文句を言うのは違うとは思っています。あと正直、コンペであってもラフとか出させる場合はその分のお金を出してほしいです。

福原　隠すことが火を大きくしていくから、オープンに伝えるのが一番いい。あともうひとつクライアントが起こしがちなコンペのトラブルとして「出させた企画を採用しないくせにパクる」があります。

やしろ　そんなひどいことあるんですか？

福原　たとえば放送作家のようにテキストでアイデアを提出するコンペって、絵や音楽と違って中間成果物でも他の人が利用しようと思えばできるものだったりする。そういう企画の種を「あ、これは俺らでできるな」とかってお金を支払わずに巻き上げるクライアントがたまにいます。

やしろ　それはやばいですね。発案者が知らないあいだに勝手に使われていると。

福原　文章や絵には著作権が発生しますけど、アイデア自体に著作権はないので会議や打ち合わせのなかで、口頭で話しただけの企画をパクられた場合は法律で戦うのは難しいのではと思いますが、だとしてもパクリは仁義の問題としてアウト。やられたらクリエイター側は先輩なりしかるべきところに相談したほうがいいし、クライアント側も「やっちゃいけないこと」という認識を持つべきですね。

▼キャンセル——放置する、どんなときに支払う／支払わないかの認識の食い違いで揉める

福原　受発注が成立したあとでキャンセルが発生する場合も、気まずいのでコンペの場合と似たトラブルが起きやすいです。時間が経つうちに状況が変わって企画自体の方向性や予算の見直しが上から振ってきたとか、付き合っているうちに「この人とはうまくいかないな」と感じた場合などに、クライアント側は「キャンセルです」と明確に言わず、支払いもしないままなんとなくフェードアウトしたがる傾向がある。企画自体が立ち消えになったりすると予算も霧消《むしょう》して現場担当者には支払おうにも支払う権限がなくなってしまう場合もありますが、どんな事情があるにしても黙って誤魔化すのは相手に失礼なので、気まずくても腹を割って話すべきです。正直に言ってもらえればその瞬間はモヤモヤしてもまだ受け入れられるけど、何も言われないとそのあと当該クライアントに対する印象が永久に最悪になる。つまりいつどんな悪評を広められるかわからない時限爆弾を抱えることになります。

やしろ　「急に連絡来なくなったけど、あれどうなったんだっけ？」みたいなやつですよね。ただマンガ業界では発注が確定してからはさすがにあんまりないかな。あったとしてもちゃんとお金が支払われることも多い。「確定したあと会社が潰れた」なら一回ありましたが……。

福　原　それは未払いのギャラを回収するのも難しそうだね。

やしろ　そういう極端なケースを除けば、受注後に相手都合でキャンセルが発生した場合、僕は基本的にお金を支払ってもらっています。たとえば僕は目の網膜剝離をしたことがあって Twitter にもそのことを書いていたんですけど、ちょうど「眼科に行こう」という啓発マンガをお願いされたんですね。てっきり知っていて頼んできたのかと思ったら「あ、そういう tweet したことあるならちょっと重いんでキャンセルで」と言われてNGになり、そのときはもともとの受注金額の半額をもらいました。いくらもらうかはどこまで作業しているかによりますね。

福　原　医療に関することはセンシティブだし、法律が関係することもあるから、それはクライアント側が先に十分話しておくべきだったね。そのクリエイターについて調べればわかること、その人が隠していないことであとからクライアントがキャンセルする場合は、最低でもそのクリエイターが稼働した分はお金を支払うのがスジ。クリエイターが「実は不倫してました！」「薬物やってました！」とか「肉のプロモーション案件を受けたのに本当はヴィーガンでした！」だったらダメだけど。

やしろ　クリエイター側がやらかしたキャンセルなら支払ってもらえなくても仕方ないかなと思います。

福　原　実際には、どちらがやらかしたとも言えないケースで発生するキャンセルもよくある。僕が経験したケースだと、お願いしたクリエイターが我の強い方で「こうしてください」という修正に対して本当にちょっとだけ手を加えて「これでいいだろ」みたいな態度を続けてこられたので、そのときは大ゲンカになった。結局、「じゃあ、もういいです」と向こうが言ってきたので支払いを発生させずに終わったんですけど、一般論としては支払いをした方がいい。

やしろ　支払わないと「あそこは無茶苦茶言ってきてギャラを支払わなかった」とかってSNSや仲間内の飲み会で言われる可能性もありますからね。

福　原　キャンセルに限らず、クライアントと揉めてしまうとか、クリエイター側が一〇〇点だと思えなかった仕事に対して「値引きしていいです」とか「お金は受け取りません」と言って来たとしても、クライアント側は真に受けて「そういうことで手打ちに」とか「支払わなくていいの？　ラッキー」と思わないほうがいい。隙を作らないためには支払うべきです。それから、これは双方がやったほうがいいことだけど、あとあと第三者に対して経緯をオープンにしても大丈夫なようにテキストでやりとりを残しておくべきだし、カッとなったとしても、第三者に見られたり聞かれたりしたらまずい発言を相手に対しては言わない。

やしろ　クリエイターが「お金いりません」と言うときはだいたい心が病んでいるか相手に対してキレているかなんですよね。だから「お金いりません」と言ったとして、ギャラが支払われなかったとか支払いが安すぎたということは結局、地雷になる。そのときは大丈夫でも、時間差で爆発することもあるんです。あとあといろんな仕事を振り返ったときに「やっぱりあれ、おかしかっただろ！」って。

福原　心を病んで連絡が途絶えたり、リテイクに納得いかずに降りたりしたクリエイターがひとりいたとして、それによってほかの押さえていたスタッフにも影響が及ぶとか、代わりの人を探さなきゃいけないとか、いずれにしてもそのあとのプロジェクト全体のスケジュールが狂ったりする。だからクライアント側からすると「あなたに支払う予定だった金額以上にこっちはお金が出ていっているんですけど」と思っているんですよ。それでも未来の時限爆弾をつくらないためにはクライアントは対価を支払うべきだし、クリエイター側はもらった上で「この件はおしまい」にして蒸し返すのは控えるべき。

やしろ　キャンセルが発生した場合に支払いをどうするかに関しても、本来は条項に入れて契約書を交わしておいたほうがいいんですよね。

福原　原則そう。だけど必ずしも作業が始まる前に契約書の締結に至っているわけではなかったり、大きな金額ではない仕事は契約書を交わさずに発注書だけで済ませるケースもあったりするから難しい。それに契約書に書いてあったとしても、たとえばキャンセル時に支払いが発生する条件に「発注者が成果物に対して指摘をした場合には受注者は誠意をもって対応すること」みたいに一文を入れることがせいぜいで、「誠意」の解釈が食い違ったら結局は揉めたりする。

やしろ　そうなんですよね。お互いの理解不足や言いづらさ・後ろめたさからくる連絡不足、初期段階での認識のすりあわせ不足がキャンセルにまでつながることが多いので、トラブルを避けるためにも、それから揉めたあとも、双方が正直かつ丁寧にコミュニケーションするのが大事ですね。

▼肩書き・クレジット――名前が出るのか、どんな肩書きになるかを未確認で進めてしまう

福原　クリエイターにとっては名前が出る仕事なのか、名前とセットで肩書きを載せられるのか、その仕事に関してあとでポートフォリオに載せてもいいのかは金額とともに気にするところなので、クライアントは「勝手に決めてはいけない」と肝に銘じておきましょう。たとえばスマホ向けのゲームの仕事だとシナリオライターやイラストレーターの名前が仕様上または人数が多すぎてオモテに出ないこともあるけど、自分の周辺の常識を当たり前のものだと思わず「われわれとしては通常そうしてもらっていますが、それでもいいですか？」と確認する。クリエイターとしてはクレジットとしてたとえば「シナリオプロデューサー」ではなく「シリーズ構成」にしてもらいたいけど、クライアント都合で「いつもこれでやってもらっているのででぎません」みたいなケースはよくあります。クリエイターとしても「外からそんなふうに見えるなら受けない」なんてこともあるわけです。名前を出す／出さない、クレジットを決められる／決められない、仕事の履歴として公開できる／できない

をどちらが、どこまでコントロールできるのかは要確認です。

やしろ　人によって書いてほしい肩書きが必ずありますからね。僕は「インフルエンサー」と書かれるのがイヤで、「マンガ家」と書かれたい。でもクライアント側が勝手にプロフィールや肩書きを書いて載せてしまうとか、ひどいと打ち合わせを一回しただけでまったく仕事していないのにある会社に「実績」として僕の名前を挙げられたことがあります。「誰?」と思った。

福　原　やばいな、その会社（笑）。いわゆる「アレオレ詐欺」だね。

やしろ　逆に知り合いに「消費者金融のPRマンガを描いたら確認もなしで名前を載せられてイヤだった」と言っている人もいましたね。善意で「載せてやる」と思ったのかもしれないけど「載せないで」ということもあります。

福　原　細かいようですけどクリエイターのプライドに関わる部分です。こういうところまで配慮できるクライアントはすばらしい。

▼あまりにもクリエイターのワークフローや手間、創作性・専門性を無視した発注

福　原　これまでの章でも「クリエイターがどんな風に制作しているのか知っておくとクリ

エイターとのやりとりがスムーズになる」と言ってきましたが、やると決まったあとでも同じです。僕がクライアント側に言われて困ったのは「じゃあこのキャラクターでポーズ違い、色違いを何パターンください」と膨大な差分を気軽に頼まれたとき。これは飲食店に行って「一〇品くらい作ってください。できあがったものを見て、そのなかから気に入ったものをひとつだけ食べます」と言っているのと同じ。

やしろ　しかも一品分しか支払う気がない（笑）。

福　原　「差分ってそんなに簡単に作れないですよね」とわかってくれているクライアントとならすごくやりやすい。

やしろ　僕は手が早いほうなんですけど、だからといって「すぐ描けるんだから別にいいでしょ」という態度で来られると傷つくんですよね。生まれたときからパッと絵が描けたわけではなくて、ここに辿り着くまでにどれだけ描いてきたのかということを汲んでもらいたい。手が早いのも努力の実りのひとつなんで。誰かクリエイター用じゃなくてクライアント向けに「マンガやイラスト、アニメはどういう工程を経て作られているのか、どの段階でどこの直しをするのが大変なのか」をまとめた動画や資料をすぐ検索で出るところに置いておいてほしいくらいですよ。

クリエイター側が陥りやすいトラブル

▼やりがい搾取、アレオレ詐欺に引っかかってしまう

やしろ　ここからは発注時にクリエイター側のミスや不注意、不作為や不用意な行動で陥りやすいトラブルについて語っていきます。

福原　ギャラが安いのに「こんなに大きな仕事に関われてあなたはラッキーですよ」みたいなスタンスでクリエイターからやりがい搾取しているクライアントがときどきいるんですけど、こういう手合いに引っかかってしまうのはクリエイター側の不注意と言っていいと思います。というかこういうクライアントに「やりがい搾取はやめてください」と言ったところで悪意のある人が聞く耳を持つわけがないので、クリエイター側が自衛するしかない。なかには悪意がなくてナチュラルに本気でそう信じているクライアントもいますが、いずれにしても低賃金でこき使ったり、お金を支払わなかったり、逆にクリエイターにお金を支払わせたりするクライアントは常識的に考えると悪い人です。

やしろ　ちゃんとしたクライアントはタダでやらせようとしないんですよ。コミティアみたいな自主制作漫画誌展示即売会に出展しているマンガ家やイラストレーターに絨毯《じゅうたん》爆撃《ばくげき》方式で片っ端から声をかけて「名前を出してあげるから」「これやらせてあげるから」と言って無料でやらせようと誘ってくる悪い人がいますから、注意してください。

福　原　でも、なかにはやりがい搾取案件だと理解したうえで実績を少しでも増やしたいと思って乗るクリエイターもいて、その場合は何も言えないんですよね……ある種WIN—WINになっているので。

だけど変なクライアントと仕事をしてしまうと、さっきやしろ君が被害に遭ったと言っていた「アレオレ詐欺」にのちのち利用されるリスクもある。本当はたいして関係性もないのに「あいつはワシが育てた」とか「あの有名な〇〇さんと仕事したことがあります」って吹聴されて利用されてしまうとか。はっきり言って「俺が育てた」って自分から言う人、大半は育ててないからね。

やしろ　これはマジでそう（笑）。

福　原　本人がお世話になった人や師匠に対して言う言葉なんですよ。「あの人が育ててくれた」っていうのは。さらに言えば、そんな風に言われても普通は謙遜するから。

やしろ　ドヤ顔で言っているやつはだいたい詐欺師。

福原　もしも「予算がないんだけどどうしてもお願いしたい。でもやりがい搾取って思われちゃうよな」とクライアントが悩んでいるなら、その場合はまず正直に懐事情と受けた場合のメリット／デメリットをクリエイター側に伝えるべき。その上でほかに何かプラスでメリットが提示できないか検討する。「お金はあんまり出せないけど、クレジットを目立つ位置に出します」とか「この案件は薄謝しか出せないけど次も必ず発注します」とかね。

やしろ　そうですね。僕も「この人と付き合っておくと将来いいことありそうだな」と本当に思わせてくれれば最初のオファーが安くても受けることも全然ありますよ。あとは僕はゲームが好きなのでゲーム関連の案件で「うちの会社のゲームを現物で送ります！」と言われたら嬉しくて受けちゃったこととかありますもん（笑）。

福原　僕は『アイアンマン』が好きなので、もし『アイアンマン』関係の仕事が来たらタダでも引き受けると思う。クリエイターそれぞれに「○○関係の案件なら優先的にやりたい」みたいなものがあるよね。

やしろ　僕もポケモンやモンハンのオフィシャル仕事ができたときは、とにかく誇りでしたね。Twitterで「やりました！」と言えること自体がステータス。

福原　そういうものとやりがい搾取とは何が違うかと言えば、信頼関係ですよね。僕らはディズニーや任天堂を信頼しているから——実際はちゃんとしたところほどタダで発注なんかしてこないんだけど——「タダでもやる！」と思える。友達から何かお願いされたら嬉しいから多少無理してでも引き受けるのと同じ。無料や低額案件を許容していいのは、世の中的な信頼か個人的な関係性や思い入れがある相手とのときだけです。クリエイターはやりがい搾取やアレオレ詐欺に引っかからないよう気を付けましょう。

▼クライアントとの知識や方向性のギャップによるタイムロスを見越していない

福原　2章でやしろ君が「クライアントがゲームの案件を振ってきたのにそのゲームについて何も知らなくて困った」という事例を挙げてくれたけど、逆にクリエイターの知識がいきすぎていてすごいマニアックに仕上がってくる場合もある。クリエイターは自分が好きな対象の案件だとファン向けに「わかるでしょ？」とマニアックなところをフィーチャーしがちになるけど、「いやいや、今回の広告のターゲットはこれからプレイする人なので、間口を広くしてほしいんです」みたいなことがある。

やしろ　クリエイターからすると「これを知ってる俺、すげえやろ?」って見せつけたくて細かく描きたくなっちゃうんですよね……でもコアなファンしか褒めてくれないという。そこはクライアント側に人選段階で企画への適性を考えてもらいたくもありますけど、クリエイター側も「今回狙っている層向けだと、どのくらいまでのネタなら入れて大丈夫ですか?」とか聞いた方がいいですね。

福　原　クリエイターは実作業の時間は見ていても、そういう方向性のすり合わせややりとりにかかる時間を見込まずスケジュールを組んでしまうことがあるので、そのぶんも余裕を見ておいたほうがいいですね。

▼契約書を読まない、戻さない、無断でネットにアップして相談する

やしろ　受発注時に注意すべきこととしては、クリエイターが契約書を読まずにサインしたことによるトラブルも多いですね。契約書に関して言うと「著作権」と「二次利用」に関する部分だけでもクリエイターはしっかり見たほうがいい。契約書に「著作権

の放棄」と「著作者人格権の不行使」という文字があったら修正してもらうべき。要するに納品した作品について「知的財産権全部もらうし、今後返せって言われても絶対に返さないし好きに使うし好きに売るから」等々、クリエイターに不利な内容が書いてあることがあります。二次利用に関しては第5章で詳しくは言いますが、契約書にクライアント側が「永久に二次利用できる」とか書いてあることがあって、これも追加料金なしで好き放題使われる可能性があるところなので要注意です。以前、ウェブにマンガで「絶対に確認しとくべき場所」(※)という部分について描きましたけど、契約書を読まずに秒でサインしちゃう人が多いんですよね……。

福原 契約書ではお互いを甲と乙と表記して、だいたい乙がクリエイター側。契約書のひな形自体を甲が用意するから、甲が不利にならないように作られているんですよ。ただ法律のプロでもないクリエイターが「こんなの困る」とかって何度もやりとりしていると肝心の制作スケジュールが崩壊する可能性がある。だから脚本家なら日本脚本家連盟(日脚連)みたいな、法務サポートを受けられる業界団体に入っておいていざとなったら専門家に相談するといい。

やしろ マンガ家なら日本漫画家協会ですね。

福原　それとやしろ君が言うように、ポイントを絞ってそこだけは「こういう条件でないと契約しない」と決めておく。

やしろ　「著作権の放棄」「著作者人格権の不行使」について「これ、直せますか」と突っ込むとすぐに修正稿を送ってくるクライアントもいるんですよ。それ絶対もともと二パターン用意してあっただろ！

福原　悪質すぎる（笑）。

やしろ　めちゃくちゃ印象が悪くなりますよ。「気づかれたら直せばいい」と思ってクリエイターの足元見てるんだな、って。今は著作権の放棄と著作者人格権の不行使についてはさんざんＳＮＳ上でも言われて、盛り込むこと自体が不信感につながるからクライアント側もいい加減、最初からやめたほうがいいと思うんですけどね。

福原　あとは契約書といえば「納品後のリテイクは○回まで。それ以上は新規に費用が発生する」とかリテイクの範囲を全部描き直するところまでアリなのか、どこまでならできるかを決めておくこともありますよね。こういう条項をクリエイター側が「入れてください」と言ってくるのはクライアントが無限に直しを要求してくることへの牽制《けんせい》だと思うんだよね。わざとリテイク回数増やして小銭稼ぐ

※「僕と『契約書は読んどいたほうがいい』って話 」
https://yashiroazuki.blog.jp/archives/16087565.html

やっとかって聞いたことある?

やしろ　そんなヤクザみたいな人間は見たことないですね。僕はクライアントからある程度気を遣われているからか、リテイクがあったとしても一、二回くらいなんですよ。リテイクを無限に食らうとか理不尽な直しを要求される被害に遭っているのは駆け出しの人とかまだあまり有名ではない人だと思うので、そういう人にこそ「リテイク○回まで」縛りは必要なんですけど、駆け出しほど言いづらいという逆説があります。

福原　「リテイクは二回まで」と言っていても、経験上、クリエイターがちゃんと納得する修正のお願いであれば直しますからね。クリエイター側が釘を刺すために入れてもらうのは自己防衛に役立つけど、クライアントが過度にその条文を警戒する必要はないんじゃないかなと思う。

やしろ　ただ、本当に納得して直している場合もありますけど、もともとコミュニケーションが苦手だとか、出たての新人とかだと交渉を諦めて受け入れているだけのこともあると思います。だからやっぱりクリエイター側としては度を超えたリテイクには新規にギャラが発生するように契約書なりで先に縛っておきたいですね。交渉をおつくうに思ってしまって、恐れて避けがちな人もいますけど、自分の作業量や金銭に跳ね返ってくる問題なので契約書は絶対ちゃんと目を通すべきです。

福原　この本では法律や契約書にはこれ以上は深入りしないですけど、クリエイターのための著作権の本は一冊手元に置いておいたほうがいい。逆にクライアント側も法務任せにしないで最低限の知識は勉強しないと、クリエイターから突っ込まれたときに何もわからないと、会社に対して不信感を抱かれることになります。「クリエイターだから税金を支払わなくていい」なんてことがないのといっしょで、「エンタメに関わる仕事だから法律を知らなくていい」なんてことはないです。

やしろ　あの紙切れの効力は強いんですよ。「何も知らないとこの部分でやられる」という部分もある程度決まっているので、クリエイターはそこだけは読んでほしい。あと、「Twitter とかに「これ、変ですか?」」って無断でアップして相談しちゃうひとがいるんですけど、それはやめましょう。そんなことしたあとに法廷で争うことになったら絶対に負けるし、クライアントからの信頼がゼロになります。相談するならまずはさっき言った法律の専門家に質問できるところにお願いするか、せめてクローズドなやりとりで信頼できる先輩や同業者に聞いてみてください。

福原　でもそんなに大事な契約書なのにクリエイターはマジで読まないし、戻さないんですけど、契約を先にしておかないと、仕事したあとでそれが自分にとって無価値なものになる可能性があるから、届いたら即やってもらいたいですね。

第4章

納品
チェック
バック

クライアント提供の素材やクリエイター提出のラフなど中間成果物をめぐる注意点

▼クライアントが送ってきた資料に間違いがあることもある

やしろ　ここからは受発注のあとのフェーズの注意点についてまとめて語っていきたいと思います。

福　原　受発注して次のフェーズがいきなり納品ということは少なくて、クライアント側が企画の参考になる資料や素材を提供したり、クリエイター側が絵やマンガならラフやネーム、脚本ならプロットのような中間成果物を見せたりして、方向性を確認してから進めることが多いですよね。

まずクライアント提供の素材や資料に関してクリエイター側に注意してほしいのは、先方から送られてきたテキストであっても間違っていることがある、ということです。その間違ったテキストに基づいて制作した場合、クリエイター側のミス扱いになる、または受け手の一般ユーザーからはそう見えることがあります。ですからたとえクライアントから支給されたものだとしても最低限、自分ができる範囲で精査して、気になるところや誤りはクライアント側に確認しましょう。たとえば商品スペックや固有名詞の間違いはよくあります。

やしろ　「これはおかしいのでは?」と思ったら聞いたほうがいいですね。「クライアントからもらったものだから間違っているわけがないし、間違っていても自分のせいじゃないから関係ない」と思っているクリエイターもいますけど、気づかないまま商品が発売されてお客さんから「これ、おかしくないですか?」と言われると作り直しどころか企画自体が最悪なくなったりするから、何もいいことがない。予防できることはするべきですね。僕はクライアントからもらった資料に対して、何か疑問点があったら全部「これで正しいんですよね?」と確認しています。

福原　ただもちろん「クリエイターが責任を持って全部やるべき」ということではない。たとえば商品の発売日や問い合わせ先の電話番号はクリエイター側でチェックのしようがないし、そこまでやる必要もない。本来は全部クライアント側が確認すべきだけれども、人間である以上ミスや見落としはあるのでお互い気を配ろう、という話です。

▼「ラフ」だからといってクライアントが何でも注文付けていいわけではない

福原　クリエイターが提出するラフに対しては、クライアント側が「このあとこういうトッピングが加わって完成」というイメージを描けなくて「中途半端な仕上がり」と勘違いしたり、わからない不安から無闇に注文を付けてかき回したりということが比較的起きやすいです。

やしろ　大変さを知らずに「もう何パターンか出してください」とかね。あとラフでざざっと描いていた絵の方が、線を整理して仕上げたものよりよく見えて「ラフより動きが減ってない？」と言われてしまうとか。

福原　中間成果物をチェックしたところで良し悪しがわからないんだけど、わからないなりにあれこれ言う人は少なくありません。だからクリエイターは、ちゃんと判断できる人に見せて意見をもらえるのが理想です。ただ、初めて仕事する相手の場合は「わかる人かどうか」を見極めるのが難しい。できるとすると、ラフを送っておしまいではなくて「これはここを見てもらうためのラフです。色は関係ないです、デザインだけ見てください」みたいにチェックしてほしいポイントを絞る。これで意図していない部分に対するいちゃもんは減ります。

あとは「このあとこうしようと思っている」と今後の作業見通しについて説明をすることと、向こうから理不尽に思える注文が付いたら怒るとか、不快感を表明する前に「なぜそう考えたんですか？」「このあとの作業工程についてどんなふうにイメージしてますか？」と聞いてすり合わせることですね。

逆にクライアント側にお願いしたいのは、わからないなら「素人だから見方がよくわからない」と伝えた上で「こうしてください」と指示するのではなくて「ここからこんな風になると困るのですが大丈夫でしょうか？」みたいに疑問形で聞いてほしい。

やしろ　些末なところまでなんでもかんでもＮＧを出すのが仕事だと思っている人もいますけど、企画にとって重要じゃないところで個人的に気になっただけなら自制してほしいですね。

福　原　ただラフチェックでのトラブルはクリエイター側の説明不足、配慮不足に原因があることもある。たとえば楽譜が読めない人に対してクリエイター側が「こんな感じです」と楽譜を送って中間チェックを終えたつもりになっても、見せられた側はわからない。それで仕上がったものを聞いて「え、全然イメージと違う。作り直して」

となってもクライアント側が悪いとは言えない。クリエイターは見てもらう意味のあるものを送るべきだし、わかるように説明する必要がある。

やしろ　そこはそうですね。

福原　それから、ラフの送信と言えば、ラフと本物の取り違えにも注意しないといけない。音楽だと、ラフでも完成度が高く本物みたいな音をしていて、プロが音楽スタジオでちゃんとしたスピーカーで聴いてやっとデモ楽曲と勘違いしている事が判明するなんてことも珍しくない。なのであるアニメ作品ではデモテープのほうがオンエアで使われてしまった事もあります。OPやED曲なのにボーカルが入ってないとかなら誰でも気づくけど、プロじゃないと違いに気づけないバージョンをクライアントに渡すと本物と間違えられて世に出る可能性がある。

やしろ　絵でもありますね。「完全に仕上がってるやつ」とクライアントが勘違いしてその手前のバージョンが使われちゃうことが。

福原　クリエイターがデータを送るときにはメールの件名やファイル名自体で「これは完成品じゃない」とわかるようにしておいたほうがいいですね。

コミュニケーション方法に関する注意点

▼お互い好ましい連絡方法を確認して「電話のせいで作業に集中できない」等を避ける

福原　受発注後にやりとりしていく上では、どんなコミュニケーション方法がいいかをすり合わせておくことも大事ですね。連絡が取れる時間帯はいつなのか、どんなツールだといいのか。

やしろ　クライアントには「クリエイターの八割は電話が嫌い」だと思ってほしいですね。なぜかというと作業が強制的に止められてしまうから。集中が途切れちゃうんです。

福原　そこは、クライアント側がなかなか理解できないところなんだけど、たとえばオーブンで調理するには、その前に一八〇度とか二〇〇度まで予熱しないといけなかったりしますよね。クリエイターの脳も同じなんですよ。電話がかかってきたりして作業が中断されるのはそこに水をかけるようなもので、熱が一気に下がる。短時間に何度も連絡があると永遠に予熱が完了しなくていつまで経っても取りかかれない。だから何回も催促しないで待っているのが一番いい。相手の時間を奪わないコミュニケーションをするのが対クリエイターではプラスに働くと仕事を通じて教わりました。

やしろ　僕は仕事の関係者から電話が来るたびビクッと背筋が寒くなるんですよね。僕の感覚だと、電話は原稿が落ちるか落ちないかの瀬戸際にかかってくる緊急警報みたいなイメージなんです。だから編集者から着信があって「やばい、なんかやらかしたか？」と死刑宣告を受けるに等しい気持ちでおそるおそる出てみたら……「今日、天気いいですね」みたいな世間話だったりして。

福原　（笑）。

やしろ　紙媒体のマンガ編集者だとメールで済むようなちょっとした質問とかも全部電話で言ってくることが多いんですよ。マンガ家との関係性のメンテナンスのために電話を使う習慣ができている。だけどこっちからすると寿命が縮むので、お願いだから勘弁してください。相手にとって連絡手段としていちばん何が使いやすいのかを先に聞いてほしい。

福原　僕は「何が一番コミュニケーションしやすいですか」って最初に聞いていますね。メール、DM、Skype、Discord……その人にツールを合わせて連絡しています。

やしろ　ぜひそういう確認をしてほしいですね。電話するなら「電話いま大丈夫ですか」っていうLINEを先にしてもらえるとありがたい。唐突にかかってくると「何かやらかしたかな」って思って本当にカラダに悪い。いつも電話が終わると一仕事終えた気がするくらいエネルギーを使います。だから知らない電話番号からかかってきても出ないし。番号をネットで検索して大丈夫そうなら折り返します。

福原　年配の人ほど直接会うのが礼儀で、次に電話、さらにその次がメールで、LINEで連絡するのは失礼みたいな価値観なことが多い。逆に若いと仕事の連絡もInstagramのDMでも普通にやる一方、電話はうざいという価値観。

やしろ　僕も「TikTokのDMで仕事の連絡してる」っていう若い子の話を聞くと「マジかよ」と思うけど、そういうことなんでしょうね。リモートでの打ち合わせが普及してよかったのは、顔合わせとかブレストならZoomで全然回るとわかったこと。これまでだと片道三〇分かけて移動して五分で終わる打ち合わせが平気であったけど、それがなくなった。移動自体がやっぱり僕らを疲弊させるので、それの有無でその日の生産性が全然違いますね。リアルで会いたがる人もまだまだいますけど、簡単な打ち合わせならリモートがいいです。

福原　電話を好むかどうかなんだけど、年齢による違いだけでなくて、業界による違いもあるよね。「電話が来たら十秒以内に折り返すのが常識」という世界もある。

やしろ　芸能系の人とか秒で出ますよね。電話の優先度が高い。福原さんも僕といっしょにいるときめちゃくちゃ電話に出ますもんね。正直、最初は「何この人？」と思ってました。

福原　そうなんだ（苦笑）。でも僕が電話にすぐ出るのは相手が電話をメインツールにしている人の時だけで他の人の場合は逆に電話に出ない事で相手に福原は電話しても出ないっていう教育をしているね。

やしろ　だけど「あ、プロデューサーの人は立ち会っていない現場でトラブってることもあって、すぐ対応しなきゃいけないんだ」とわかったので、そのあとは全然気にしてないです。

福原　お互いの常識の違いも序盤ですり合わせておいて、コミュニケーションが苦手な側がやりやすいように合わせるのが、お互いストレスにならないと思う。

やしろ　紙のマンガ編集者だとこっちがデジタルデータで送っているのに、チェックバックのときに印刷してアナログに赤ペンで直しを入れられてアナログで来ることもあるんですけど、そうすると字が汚くて読めなかったりしてやりづらいんですよね。そういうところも詰めておきたいですね。

▼メールやLINEへの返信とTwitter更新はクリエイターにとっては「別腹」

やしろ　これは「電話になるべく出たくない」という感覚がクライアントに理解されづらいのと似ているんですけど、僕らの中ではメールやLINEは「対人」の精神的な負荷がすごく高い作業、一方、Twitterは「ひとりごと」の気楽な壁打ちで、重さがまったく違うんです。だから「Twitterに投稿してないでメール返してください」と怒るのって気持ちはわかるんですけど……そこは勘弁してほしいですね。

福原　(笑)。仕事しないでTwitterやっちゃうのは学生のころテスト勉強のために机に向かうと突然部屋を片付けたくなったりマンガをずっと読んじゃったりするのに近いのかなと思ってるんだけど、一般的な感覚ではTwitterは「プライベートで使うもの」なんだよね。クリエイターはSNSで日常的なつぶやきをするだけじゃなくて仕事の告知みたいな「業務」でも実際使っているわけじゃない。手元のメモ帳になんか書くなら「気分転換です」で通じるけど、業務でも使うツールではあるものの、

「Twitterの更新は「こっちの仕事より優先してプライベートな事をやっている」と思われる。

やしろ　もちろん、クライアントの言い分も理解しているんですよ。ただ、福原さんがオーブン予熱の話をしましたけど、「Twitterに落書きをアップすることやネタtweetをすることでエネルギーを溜めている、気合いが必要な作業に向けてコンディションを整えているクリエイターもけっこういるんです。それを見てブチ切れて「何しとんじゃ」と電話することでクリエイターの創作意欲を下げてしまうこともあるのは知っておいてもらえればと。

福原　そうなんだろうなと思いつつも、LINEや電話で連絡が取れないのに「Twitterは更新しているクリエイターに対しては投稿に「いいね」を押して「見てるからな」と遠回しに伝えることはある（笑）。

やしろ　クリエイターに対しては「締め切り破っているときに「Twitterを一切すんな」とまでは思わないですけど、「クライアントはSNSを見ているから、そのつもりで大人として振る舞ったほうがいい」とは伝えたいですね。締め切りとっくに過ぎてるのにソシャゲのガチャの結果をあげてはしゃぐとかはやめたほうがいい。せめていったん連絡してからtweetするべき。相手だったらやられてどう思うか、立場を交換して考えてみたほうがいい。

▼担当者変更による引き継ぎはクリエイターの気持ちに配慮したソフトランディングを

やしろ　企業だと異動や転職で担当者が変わることがありますよね。それ自体は会社組織だから仕方ないとして、引き継ぎが雑で、クリエイター側がまた仕事のやり方や進め方、ひどいときは「この作家はどういうクリエイターなのか」についてゼロから自分で説明するハメになることが少なくないのがだるいですね。

福原　人事異動自体に対して「作品に愛がないのか」「私のこと大事に思ってないの」と思う人がたまにいるんだけど、そういうことじゃないんですよね。異動は現場の権限の範囲を超えている部分ですから。クライアント側は「あなたのことを軽視していませんよ」と伝えるためにも、しっかり引き継ぎ期間を設けたほうがいい。

やしろ　違う会社に転職したならどうしようもないですけど、社内異動なら後任者と前任者がそろって三人で話す機会を作ってほしい。あとはLINEグループとかでいいから、前任者と連絡できるルートを残してくれるとありがたい。段階を踏まずに完全にフェードアウトされると「業務」として扱われていた感がしてしまって寂しいですね。

福原　引き継ぎがギクシャクすると、会社に対する評判を下げる可能性があるよね。

やしろ　前任者から「何かあったら言ってください」と言ってもらえるだけで不安が減るんですよ。マンガ家だと仕事しはじめのころなんて特に編集者に依存する人もいますから。引き継いだ途端に仕事のやり方とか方針が急に変わることもあるので、そういう意味でも相談窓口を残してほしい。

福原　でも正直、担当を引き継いでよくなったことってある？

やしろ　ないです（即答）。

福原　（笑）。よくて現状維持だよね。

やしろ　向こうの都合で担当が変わって「今度の方がいい人じゃん」と思うことはあんまりないですね。

福原　最初の担当者と作家は、スタートからゼロイチにする経験をしている盟友じゃないですか。だけど二代目以降に関しては、情報は引き継げても気持ちまでは引き継げないから、関係性をつくるのにある程度時間が必要になる。

やしろ　人間相手ですからね。淡泊な態度で来られると気持ちが冷めるし、大切に扱ってくれたら信頼度は上がる。さらに言うと担当者が退職したことによって引き継ぎされないどころか仕事が消滅することもあるんですけど、これに関しては……クリエイター側は何もできない。クライアント側もそうじゃないですか？

福原　そうなったときにはクリエイターの矛先はその担当者じゃなくてその会社に向きますよね。原則としてはクライアント側が「クリエイターを守ります」という姿勢を示すことが重要ではあるものの……ただ仕事にはどうしても属人的な要素もある。その人がいなくなったことである企画や事業が成立しなくなるのは、正直どうにもならない部分もありますすね。

締め切りに対する考え方の違い

▼「本日中」はクライアントにとっては一七時まで、クリエイターにとっては翌朝まで

やしろ　納品に関わる重大ポイントといえば、なんといっても締め切りですよね。

福原　フリーのクリエイターとクライアント側だと、この締め切りの捉え方も違う。発注側が「本日中」を締め切りにと伝えた場合、一般的なビジネスアワーは一七時までだけど、クリエイターにはそういう認識がないので二三時五九分までが「本日」だと解釈します。どころか、二二時を過ぎたあたりでうまくまとまっていないと「どっちみち今メールした所で眠っているし、だったら一〇時出社って言っていたし明日の九時五九分に送っても一緒だよな」という思考になり、結局翌日になる。こういう締め切りのサバ読みをするかどうかはクリエイターによりけりですが、お互い読み違えるとデッドラインを越える事故につながります。

やしろ　あるあるですね。まあこれ、世間的に正しいのは普通にクライアント側なんですが(笑)。

福　原　フリーランスだと自分が起きているときが「朝」であり、「その日」に含まれると思っている。だから「月曜締め切り」と言われたら火曜日の午前三時でも「月曜」の範疇だと考えがち。でも会社員は九時から一七時までが基本的に「その日」であり、月曜から金曜までしか動けない。「金曜までにお願いします」と言っていたものを土曜午前に送ってこられても月曜に出されたのといっしょになる。

やしろ　いやあ……正直「今週末までに送ってください」と言われたら、こっちは「来週の月朝までだな」と思ってますね（苦笑）。

福　原　「今週中に」＝「金曜一七時まで」と思うのがサラリーマン。企業の人間は土日には出社していないから、土日にファイルを送ってきて、それの確認を強制しているだけでモンスタークリエイターですよ。今は昔とは時代が違うから、休日出勤は社内で申請が必要なこともある。土曜の夕方に送ってきて「すぐチェックバック送ってください」なんて言うクリエイターは会社によっては「あのクリエイターは次回からやめよう」となると思う。

やしろ　じゃあクライアントとしては「週末までに」じゃなくて「金曜一七時までにお願いします。土日は確認できません」と言った方がいい？

福原　そもそもそんなふうにわざわざ言わないといけないとはクライアント側は思ってないんだよ（笑）。「今度会うとき、絶対にパンツをはいてきてくださいね」って言うようなもんだから。だいたい、今は業務時間外にはメールが届かないようにしている会社もあるし、就業時間外にはLINEも開かない人とかも普通にいるからね。

やしろ　そこはクリエイターと揉める部分ですね。働き方改革は理解できますけど「こっちもがんばってるんだから、送ったらひとこと返事くれよ」と思う。「ビジネスLINEを休日は一切返さない」みたいな人もいますけど。「なんで土日には何も返してこないんだよ。ふざけんなよ」と思っているクリエイターは多いですね。

福原　物理的に日曜にメールを返すことはできるかもしれないけど、それは「仕事している」ことになるから、つまり休日出勤分の支払いが発生することにもなる。そうするとその担当者の上司は総務や人事に怒られちゃう。逆を考えてほしいんだけど、土日対応を会社員に求めるのは、夜型のフリーのクリエイターに対して朝六時に仕事の電話をしてもかまわないと言っているようなものだからね。昼一二時まで寝ているクリエイターなんて全然いるわけじゃない。

やしろ　うーん、そうか……仕事の形態が違いますからね。逆にフリーのクリエイターがクライアントからよく言われることとしてはゴールデンウィークとか年末年始の前に「連休明けまでにお願いしますね」がありますね。僕みたいなマンガ家はある意味いつでも休めるし、連休なんてないといえばない。僕のまわりでは「大型連休は仕事する」というクリエイターは多いし、僕も人混みがイヤだから連休中にわざわざ出かけようとは思わない。でも人によっては「お前は休むのにこっちには働けって言うのか」とカチンと来ることもある。僕も「予定なんかないでしょ?」という前提で来られるとイラッとはします。ただ、もしそれまでの進行が遅れているならそう言われても仕方ないかなとも思うので、ケースバイケースですね。「連休中もフリーは働いて当たり前」という態度ではなくて、これもたとえば「進行が遅れ気味なので動いてもらっても大丈夫ですか?」と確認してくれれば気にはならないかなと。

福原　働き方の常識や都合は人それぞれだから、そこも話しておくことが大事だね。僕も以前、フリーの人たちが夜九時から打ち合わせを入れたがっていたことに対して、こっちは会食の予定と重なることが多いからもっと早い時間のほうが助かるんだけどなあと思って「なんでなの?」と聞いたら「子どもをお風呂に入れないといけない」と。小さいお子さんがいる家庭では夕飯、お風呂、寝かしつけ、家事を夫婦で分担していて終わるのは九時くらいになると。そういう事情がわかったので受け入れました。

やしろ　たしかに、相手の家庭の事情がわかっているかどうかも、どのくらい融通をきかせられるかに関係ありますね。お互いの事情がわかれば調整可能なことは多い。

福　原　そうね。納期が何日何時までなのかの認識を揃えることは必要だけど、その過程の働き方に関してはお互いの「当たり前」を押しつけない方がいい。

やしろ　ただ、一部のスーパークリエイターならけっこう無茶なことでも会社員側に合わせてもらえることもありますよね？

福　原　『ONE PIECE』の尾田栄一郎さんの編集者は「自分がテレビの生放送に出演中であろうとも尾田先生から電話がかかってきたら出ます」と言っていましたね。「それを逃すと次にいつ話せるかわからないから」と。ただ、そこはトップオブトップでないかぎりは許されないと思う。ヒットを出す前からそんな態度の人いるかな？

やしろ　いや、それは総スカン食らうでしょう（笑）。

福　原　いまの時代はネットでいきなりヒットしちゃって、声をかけたキャラクター会社や出版社の人に甘やかされていることもあるでしょうけどね。

やしろ　TikTokerに多いらしいですね。稼いでいるけどめちゃくちゃな態度の中学生とか。

福　原　そういう人には、いまはいいかもしれないけど「永久に人気が続くと勘違いしないほうがいい」とは伝えたいですね。

やしろ　土台を築いてからできるムーブがありますよね。同じインターネット出身のクリエイターだからとか思って成功者のマネをすると普通の人は事故る。別に「自分には才能がある」と思うことは全然いいと思うんですよ。でも「私は天才だから人の言うことは聞かない」はやめたほうがいい。才能とコミュニケーションスタイルは別の話です。クリエイターの中には「俺にはビジネスのマナーやルールなんか関係ない。そもそもビジネスだと思ってやってない」みたいな顔をする人も多いんですけど、絵を描く、曲を作る、文章を書くみたいなことだって立派な仕事ですから。クライアントと同じようにビジネスをしていて、その武器がクリエイティブな才能というだけだから。「ビジネスしている」と思ってクライアントに接してほしい。

▼クリエイターは遅れる連絡を当日にしがちだが、早めに伝える

やしろ　僕も昔はこうだったんですけど、クリエイターは締め切りが来る前に「遅れます」

となかなか先に言えないんですよ。というのも、遅れると思っていないから。「ワンチャンいけるでしょ」と思っていて、当日になって「……ムリだ」となってようやく連絡する。当然、クライアント側からすると「ふざけるな」となる。だからたとえ遅れなくても「遅れるかも」と早めに伝えたほうがいい。今の僕はちょっとでも遅れる可能性があるなら先に伝えた上で「いつまで待てますか」と聞いています。

福原　会社員の場合、業務のなかで何かが遅れる連絡を誰かにしないといけない局面に立たされることが多いから、遅れそうなときはすぐに連絡する習慣ができている。ところがネットから出てきたクリエイターの場合、それまでの人生のなかで同人誌を印刷所に入稿するときくらいしか、そもそも「締め切り」に追われたことがなかったりする。だから「遅れます」と誰かに連絡を入れ忘れて怒られたような失敗経験がない。そうすると悪気なく締め切り破りの連絡を後回しにしちゃう。フリーのクリエイターには「ほかの社会人はみんなそういう連絡を入れているんですよ」と知ってほしい。

やしろ　僕もまさにかつてそういうことを言われて怒られました。それ以来、早めに伝えるようになったんです。

福原　会社員なら怒ってくれる上司がいるけど、クリエイターの場合は誰にも怒られずに黙って仕事が来なくなるからおそろしい。クライアント側からすれば、説教する筋合いもないから。まあ、フリーランス側も切られたところで仕事先は探せばあるだろうから、焼き畑農業のようにクライアントを変えていくこともできるのかもしれないけど……たぶん若いうちに直さないといつか悪評が知れ渡って行き詰まると思う。

やしろ　僕の場合「このままだとお前、仕事来なくなるよ」と付き合いのあった編集者が言ってくれたんですが、怒ってくれた人がいたのは本当に運がよかったですね。

福原　遅れても平気でいられるのは自分の中だけで仕事が完結していて、受け渡したあと仕事する人の姿が見えていないからなんだよね。ほとんどの仕事は集団作業だから、誰かが一日遅れたらそのあとの誰かが一日分カバーしないといけない。それもできないと発売日が遅れて買う人に不利益が出る。だから僕はよく新入社員には「『遅れる』って言いづらい、とか言っているのは他者への思いやりのない幼稚な考えだ」と言っています。

やしろ　経験上、「ギリギリ出せればいい」と思っているときはだいたい出せないんですよ。

だからこそ「遅れるかも」と先に伝えておくべき。それで大丈夫だったらむしろ褒められますから。「遅れるかわからない」くらいの状況でいったん言うほうが「この人は正直にちゃんと言ってくれるんだ」と安心されます。

▼クリエイターに詰めるべきときに詰めておかないと締め切りを破られる

やしろ　一方、クリエイターはクライアントから「ああ大丈夫です、まだ大丈夫です」と言われ続けるといつまで経っても完成させない生きものでもあります。

福　原　(苦笑)。

やしろ　僕からある案件を振った人がいて、友達だったので締め切りを過ぎてもしばらくは何も言わなかったんです。だけど四か月遅れになってさすがに人づてに怒ってもらったら次の日にはあがってきた(笑)。クライアントから「マジでこれ以上ムリです!」と詰めるところは詰めてもらった方が僕らは本気を出します。やさしすぎると「後回しでいいや」となって、こちらに対する態度が強い他の担当者の案件を優先しがちになる。

福　原　でもそう言われても、クリエイターとの関係性にもよるけど基本的にクライアント側はクリエイターに対して怒鳴ったりすることはできない。「進捗いかがですか」とこまめに聞くこと、デッドラインを越えないように締め切りのサバを読みながらも「これ以上はムリです」と粘るくらいしか現実的には手段がない。クライアントがキレた結果クリエイターとの関係が終わって納品に穴が空いたらそれこそ困るわけだし。

やしろ　たしかに今の時代、仕事相手にあんまり圧をかけられないですよね。クライアントがクリエイター相手に本気で怒っていいと言いたいわけではなくて、甘える人が多いので、クライアントは油断せずに締めるべきところでは毅然《きぜん》とした態度を取ってもらったほうがこちらも気が引き締まるのでお互い助かります、ということですね。

福　原　あと、リテイクされたくないからデッドラインギリギリまで提出しない困ったクリエイターもいることはクライアントが知っておくべきだと思う。そういう相手に対処方法があるかというと、すごく難しいけど……。

やしろ　そもそもこちらの印象を言わせてもらうと、締め切りのリマインドをくれるクライアントって少ないんですよ。デッドライン当日に「あと三〇分ですがいかがでしょうか」って電話がかかってくるとかざらにあって、マジで心臓が止まりますね。もう少し早めに伝えてほしい。複数案件が同時に立て込んでくるとこちらも締め切りをうっかり忘れているときがあるんです。担当者の方は「あいつ、リマインドがうざい」と思われるのを気にしているかもしれないですが、進捗確認がてらテキストで送っておいてくれるとありがたい。

福原　クリエイターに締め切りの一〇分前に「ゼロから4コマを仕上げろ」と言われても絶対できないから、たとえばクライアントが「全力出せば4コマなら二日でいけるだろう」と想像する少し前のタイミングでいったんリマインドをかけておくといいと思う。組織人としては納品の遅れをクリエイターのせいにはできないわけで、自分の身を守る意味でもリテイクを含めた作業日数を逆算して余裕のあるスケジュールを組んだ上で「今から取りかかれば間に合いますよね？」という時期に一度はリマインドしておく。

やしろ　放置されて締め切り当日まで連絡が来ないとこっちが不安になりますもん（笑）。永久にあがってこないクリエイターは「せっつかれないから、まだ大丈夫なんでしょ？」みたいに考えている場合も多い。三〇分に一回電話してくるみたいなしつこさでなければメールやＬＩＮＥで「どうですか？」「〇〇日締め切りですが大丈夫でしょうか」みたいな進捗確認は歓迎です。

▼締め切りをどの程度破っていいのかという目安はない

やしろ　「締め切りに遅れる場合は早めに連絡しよう」と言いましたが、実際どのくらい遅れても大丈夫なんですか？

福　原　締め切りは……破っちゃダメだよ。

やしろ　（笑）。でも普通、クライアントは本当の締め切りを最初からクリエイターに言わないですよね。だから慣れているクリエイターは「どうせ五日後くらいだろう」ってサバを読んじゃうわけです。でもクライアントによってはまれに最初から本当の締め切りを言っちゃう人もいて……ホラーですね。

福　原　とくに初めて仕事する相手のときはクリエイターもクライアントもお互い警戒した方がいいね。そもそもなぜクリエイターは締め切りを延ばしたがるのか？　クオリティを上げたいからだよね。クライアントがバッファを伝えたら伝えた分、結局、全部使い切っちゃう人が多い。だからクライアントからすると常に余裕を見ておかないと危ない。真のデッドラインを伝えるメリットがないんですよ。

だいたい、受発注の時点でスケジュールに関しても合意した上でクリエイターは引き受けているわけじゃない。遅れたうえに「そっちが無茶なスケジュール設定したんだろ！」って逆ギレする人もまれにいますけど、それなら仕事を受けるときに「ムリです」って言ってよと思う。

やしろ　じゃあやっぱり遅れて大丈夫な目安はないんですかね。

福原　仕事にもよるからね。ジャンルによって全然違うから一概には言えない。それに同じマンガであっても週刊マンガ誌で描いていて一週間延ばすとかは当然ムリだけど、月刊誌なら週刊誌よりは多少余裕はあるかもしれないし。

やしろ　うまく延ばすためのテクニックはありますか？

福原　他の人に迷惑はかけちゃうけど「僕のところの次の工程ってどうなってますか」って聞いて、たとえば次にデザイナーの作業が入るんだとしたら「このデザイナーさんはスケジュール何日あればできますか？」と後ろの人含めて調整してもらう、とかかな。

やしろ　それはぶっちゃけた本物のデッドラインを教えてもらうってことですよね？　それはクライアント的に大丈夫なんですか？

福原　いや、そこでクライアント側がどこまで本当のことを語るかはまた別の話。あとは延ばしてもらうときの態度も大事で「しょうがないっしょ」みたいに居直ってこられると不安が増すから引き延ばすのをためらうことにつながる。クリエイター側がそこまでの過程であまりヘタ打ってないほうが「あと一日ください」と言われたときにクライアント側で「それならなんとか調整つけようか」と思いやすい。

やしろ　なるほど。あと「締め切りを破るのがかっこいい」と思っているクリエイターもいますけど、全然おすすめできないとここで声を大にして言っておきたいですね。締め切りを守らなすぎて悪評が広まった結果、仕事が来なくなった人は普通にいます。

福原　締め切りを守らなくて許されるのはスーパースターだけなんですよ。冨樫義博や高畑勲クラスになれば話は別。だけど、普通はそうではない。言ってみれば著名クリエイターの締め切り破り伝説は生存バイアスがかかっている。締め切りを守らずに消えていった人のエピソードは残らないから世の中にあまり出回っていないだけで、本当は締め切り破って成功した人より失敗して消えている人の方が圧倒的に多数。そこは勘違いしちゃまずい。

納品データの送受信時の注意点

▼ファイルが崩れた状態で先に進まないように修正不能なデータも添付する

やしろ　納品といえばデータ関係のトラブルもつきものですね。

福原　入稿したあとクライアント側がデータをいじって意図していない方向におかしくなることがあるので、クリエイターは直されたくないのであれば修正不可能なデータにして送る、またはいじれるものといじれないものを両方送ってクライアントが最終的な仕上がりを確認できる（おかしくなったら気づける）ようにしておくのが基本です。たとえば絵のデータを修正可能な状態で送ると、レイヤーが崩されてしまうとか、納品したＡＩファイルをクライアント側が全選択してコピペするときミスって崩れるとかがしばしば起きます。

やしろ「レイヤー分けしたＰＳＤファイルで納品してください」とかファイル形式を指定される場合もよくありますけど、その場合でも別途、完成した絵のＪＰＧファイルも添付するなりしたほうが安全ですね。見比べたうえでクライアントも「データ壊れてないかな？　これで大丈夫か？」と最後に確認すると事故が防げます。

▼納品物の受け渡し方法——ファイル転送サービスには期限切れ問題がある

福　原　データの受け渡し方法は、Googleドライブか Dropbox でリンクを作ってダウンロードしてもらうのが一番いいと思います。

やしろ　そうですね。いつでもアクセスできるところに置くのがいい。

福　原　GigaFile便をはじめとする無料大容量ファイル転送サービスは便利だけど基本的に期限付きだから、送られてからしばらく経っていざ作業しようと思ったときに「期限が切れていたのでまた送ってください」「え？　今日はすぐ送れないんですけど」といったタイムロスが頻繁に起こるし、一週間前に送ったものをまだ見ていなかったのかよと不信感が生まれます。あとはＦＴＰサーバーを使うファイルの受け渡し方法などもありますが、やりかたが複雑なものほど事故になってしまうリスクが上がります。

やしろ　クリエイターには「クライアントから送られたデータはすぐにダウンロードして確認しておけ」と言いたいですね。ファイルがちゃんと開けるのか、間違ったファイルじゃないか、全部足りているか、サイズが極端に小さかったりしないかなどを確認しておくべき。送られてから何日も経ったあとで「このデータおかしいですよ」と気づいて伝えても「今まで見てなかったの?」となって気まずい上にやりとりに時間を食ってしまう。すぐ見るのが正解です。

▼バージョンミスを避けるために修正箇所は多重チェックすべき

福原　納品後にリテイクのやりとりをしていると、ファイルのバージョンミスが起きることがあります。たとえば映像のバージョン1に対して開始一分から二分の間に修正が入ったあとで一〇分から一一分のところにも修正が生じたとすると、本当は一分から二分の間の修正をしたファイル(バージョン2)を元に一〇分から一一分のところをさらに直してバージョン3を作るべきですよね。でもそれぞれの修正作業を分担したりファイルのやりとりをミスると、一分から二分の間の修正が反映されていないけど一〇分から一一分のところだけ修正されたバージョンでその次の工程に進んでしまったりする。クリエイター側も前のバージョンに戻っていると思わないし、クライアントも一度直したところをわざわざ何度も確認しないことが多いから、チェック漏れが起きうる。これを避けるには、面倒でも修正箇所はざっと一通り確認するしかないですね。

やしろ　文字校正含め、クリエイターも最終チェックをクライアントまかせにしないほうがいい。誤字脱字や表現のおかしいところがないかはお互い確認するべきです。

納品後のコミュニケーションに関する注意点

▼クライアントは納品あったらすぐ返事

やしろ　ここからは、クライアント側がクリエイターからいったん成果物を受け取ったあとでチェックを戻すときのお互いのポイントです。

福　原　そもそもから言うとクライアントは納品されたらなるべく早く感想を添えて返事をするのが重要だよね。「金曜一七時まで」という締め切りをクリエイターが守ったのに翌週水曜にチェックバックが送られて来たら「なんでがんばって期日通りに仕上げたのにそんなにレスに時間がかかるの？　やっぱりサバ読まれていた？」と思って信頼が揺らぐ。

やしろ　クリエイターからすると「作るのに比べたらチェックする時間なんてそんなにかからないだろ」と思ってますからね。せめて「〇日後に連絡します！」くらい言ってほしいけど、何も言わないままリテイクもなく進めて終わらせるクライアントが多い。納品した途端に別れた彼女みたいに冷たくなっちゃう。

福原　（笑）。すぐレスを返すためにも、クライアントは締め切りを設定した段階で「なぜこの日が締め切りなのか。チェックバックにどのくらい時間がかかるのか」という理由付けと説明をしておくのが大事。たとえば「納品後の後工程があるので○日の何時何分までには確認する必要があり、自分もその時間に受け取ったらすぐに確認できるようスタンバイしています」と伝えてそれを守ればレスが遅れることは避けられる。もちろん、実際には一分一秒を争うレベルで納品が迫っている仕事ってそんなにないから、それがクライアントからついレスを遅らせてしまうことにもつながる。だけどクリエイターの気持ちを考えると早めに返すべきですね。

やしろ　納品後に無反応なまま、いつの間にか依頼主のサイトに掲載されていて「ありがとうございます」も何もないこともありますけど、気分はよくないですね。

福原　僕もたまにそういう塩対応をしてしまうんだけど、どういうときにそうなるかと言うと、締め切りをとっくに過ぎていて何回も急かしてやっと納品！　みたいな場合、そのあとの工程のスケジュールがあおりを食ってタイトになっているからそっちのことで頭がいっぱいになってしばらく忘れてしまうことがある。でも納品後に急に連絡が途絶えたらクリエイター側からしたら「もうお前は用なしだ」とクライアントに思われている感じがしちゃうよね。一回きりの仕事ならまだしも、そのあと別の仕事が振りづらくなる。

やしろ　いや、ツラの皮が厚い人たちは普通に言ってきますよ（笑）。受けるかどうかは迷いますけどね。

▼仕事を受け取ったらまず褒める

やしろ　これはクリエイター側のエゴなんですが、こちらが提出したものに対して無反応よりは「ありがとうございます！」「オッケーです！」と言ってくれるだけまだいいんですが、それで終わりの人もいるんです。これも僕らからするとちょっとつらい。「ここがすごいよかったです」とか「このコマ笑っちゃいました」とか感情を込めた一言があるとモチベが上がるし、その担当者に対する好感度も上がります。褒めてくれることが嬉しいという以前に「ちゃんと中身を見てくれてるんだな」ということが嬉しい。正直ろくに中身を見てくれない人もいますから。いったん褒めてもらえると緊張がほぐれてリテイクのオーダーも聞きやすくなります。

福　原　僕もついうっかり忘れることはあるんだけど、仕事において相手を褒めることはある意味「強制」と思ったほうがいいくらいコミュニケーションの基本だと思う。クリエイターに「あがればなんでもいいのかよ」と思われたらその後の仕事や関係に支障が生じてしまう。

やしろ　もちろん、内容的にダメなときはダメだと言ってほしいんですけど、それでも作業に対するねぎらいの言葉くらいはほしいですね。

福原　一番いいのは、仕事が終わったあと直接的に仕事していない期間でも「あれ見ましたよ！」とかって仕事をチェックしてたまに連絡すること。

やしろ　ああ、それはマジでいいですね。社交辞令だとしても「今後とも末永く」的な連絡のあるなしはその後の信用に関わってきます。こちらとしても思い出せますし（笑）。

リテイクに関する注意点

▼クライアントは直してほしい部分について理由を添えて具体的に伝える

福原　納品後にクライアントからクリエイターに修正してもらうというリテイク作業が発生することもありますが、その注意点についても話していきましょう。

やしろ　クライアントからのリテイクの出し方に関しては、「ここ、もうちょっといい感じに」みたいな抽象的な言い方だと、どこをどう直せばいいのかわからなくて困りますね。一番ひどいのは「ここ、バズりそうな感じでお願いします」ですけど。

福原　やしろ君はオファーのときもリテイクのときも「バズらせてください」ばっかり言われてるんだね（笑）。

やしろ　「ここはこんな感じでどうですか？」くらいの具体性はほしい。そしたら望んでいる方向性がわかりますから、こちらからも修正の提案が出しやすい。

福原　オファーのときにレファレンスの用意が必要という話といっしょで、クリエイターは叩き台があると考えやすい。

やしろ　そうですね。ただ逆にあまりに細かく「ここは色をこうして」「構図はこうで」とか指示されるとクリエイターがそれに合わせるだけの心が死んだロボットになるので、そこの加減は配慮してほしいところです。

福原　そうだね。あとリテイクの際には、受発注時点でクライアント側にクリエイターが制作工程を伝えておくことが活きてくる。それをやっておかないと、美容室に行って髪の毛を短くしたあとで「やっぱロングで」と客が注文するようなことが起こってしまう。

やしろ　もしそうなったとして、クリエイターがクライアントから何を言われても表向きは「はいはい」と言いながら、心の中で「ふざけんなよ」と思ってやるくらいなら、そうなる前に「ここはこれ以上進むと修正できませんけど大丈夫ですか?」と作業の途中途中で確認しておいたほうがいい。

福原　クリエイター側もクライアント側もお互いの事情や大変さが全部わかっているわけではないからね。話さないと伝わらないし、話してもらわないとわからない。

やしろ　どこのフェーズが大変な作業なのか、どこから先は修正できないのかはクリエイターによっても違います。たとえば厚塗りでレイヤーをめっちゃ使うから色を大きく変えるのはムリとか、クライアント側がクリエイターの個性を把握した上で作業工程を把握するのはムリだから、自分の作業の仕方がどんなもので、何が大変なのかはクリエイター側が説明する必要がありますね。

福原　クライアント側からすると、直したくないからと言って屁理屈こねるクリエイターもいるのも悩みだと思う。直すつもりのない人に作業してもらうのは非常に難しい。

やしろ　僕も「そこを直したらギャグが成立しないじゃん」とか「言われたとおりここを修正したら出したあと伸びないだろうなあ」と思ってごねるとかはあります。

福原　僕が発注した案件で「なんとかこれで通したいから理屈が通ってないってわかっていながらこのクリエイターはリテイクに応えない理由を並べてるんだろうな」と思うことが過去にあったんだけど、そうされるよりはハッキリ「ここは譲れない」とか「こういうのが好きなんで変えたくないです」と正直に言ってもらったほうがまだ「直してもいいと思っているところ／直すつもりがまったくないところ」が判別できるからマシかな。「全部まったく直さない」から「ここは直す」に多少前進する可能性があるので。

やしろ　クライアント側からすると、そこは言ってほしいんですか？　理由はなんにせよクリエイターのわがままといえばわがままで、結局直らない可能性も高いじゃないですか。あと、相手がお堅い感じの人や企業だとクリエイターから正直に言い出すこと自体が難しい気がします。

福原　やぶ蛇になって関係がこじれる可能性もあるので、そこはフランクに言っても大丈夫そうか、相手を見ての判断ですね。

▼現場はOKだったのに上司や社長がひっくり返す問題への気持ちの備え

福原　リテイクといえば、クリエイターからすると方向性を二転三転されるのも困るんだけど……頻繁にあるよね。

やしろ　クリエイターとしてはリテイク自体に対して否定的なわけではないんです。ただあくまで「良いものにするため」と思っているから受け入れるのであって、思いつきで次々リテイクされると萎えますね。だけど「やっぱこっちの色で」「こっちの案で」「最初に戻して」みたいに気軽に変えようとしてくるケースがすごく多い。こっちも考えて作品をつくっているので、なぜ変えたほうがいいのか、なぜ戻すのか、その理由を明確に伝えてほしい。修正の背景や狙いを理解することで主体的に修正作業に取り組めるし、「次はこうしよう」とか「なるほど、この会社はこういう方針だからこうしたほうがいいのか」とか作戦も立てられる。クリエイターがクライアントの意図を把握することは、チェック回数やムダな工数を減らすことにもつながる。腹を割って、感情を乗せて語ってもらえるとやりやすくなります。

福原　リテイクに関してクライアントが前言撤回することがなぜ起こるかというと、担当者個人の問題に還元できないケースも多い。よくあるのは現場の担当スタッフの人が「赤で」と言ってクリエイターに描いてもらったものを上司が確認して「いや、これは緑だろう」と言うという組織内の意思の不統一。しかもその担当者が「上司の意向でやっぱり緑にしてください」という背景を説明しなかったり、なぜ上司は緑が良いと言っているのかの理屈を理解していなかったりすると、クリエイターが「は?」となる。もちろん、理由を伝えられたところで、クリエイター側からすると自分が相対している「担当者=その会社」のつもりでいるから「なんで意思統一してないんだよ」とは思うんだけど。ただ、同じ組織の人間だからといってまったく同じ考えということはありえない。だからクリエイター側はそういうことが起こるかもしれないというつもりでいたほうがいい。

やしろ　現場も上長もOKを出していたのにたまたま通りがかった社長が見ちゃってNGになることもありますね。あれはマジでやめてほしいですけど、避けようがないんですかね。

福原　上の権限でちゃぶ台返しされるのは究極言うと避けられない。ただ、クリエイター側はチェックのフローを先に確認しておくといい。担当者に「これって○○さんが決められるんですか？」「どういう人がこのあと見るんですか？」と先に聞くことで、不意討ちを食らうことはかなり避けられる。「色塗りに関しては作業が大変であとからやり直しになるとキツいので、先に上司の方と話しておいてもらっていいですか」と釘を刺しておくことなんかもできる。

やしろ　そうしておけば「ボツになる可能性があるならラフな塗りでいったん方向性が合ってるか確認してもらったほうがいい」とか判断できますもんね。どの段階でどのくらいまで作業がバックする可能性があるのかは、クリエイター側からすると先に知りたいところです。

福原　広告案件だと、代理店はOKを出したけど、代理店がスポンサーの方針を間違って解釈していてスポンサーからNGが出ることもある。ひどいと最初のオリエンから狂っていて、発注の方向性自体がおかしかったという場合もある。ただこういうズレを、受注したクリエイター側が防ぐとか、スポンサーに直で確認するのは難しい。そういうミスの場合は、代理店担当者のせいでリテイクが生じたのか、クリエイター側の問題なのかを確認して、前者の場合はリテイク分の金額を上乗せしてもらうとか締め切りを延ばしてもらうといった交渉をクリエイター側からするくらいしかないかなと。

▼五月雨《さみだれ》修正や無駄待機が起きないようチェックのフローとタイミングを事前に決める

福原　駆け出しのクリエイターに伝えたいのは、リテイクを受けて修正するときはなるべくまとめて作業した方が二度手間、三度手間が防げていいということですね。そしてまとめて作業するためには、クライアントから一度修正指示を受けたら、修正点がほかにもないか確認してから作業したほうがいい。

やしろ　これはクライアントにお願いなのですが、チェックするときに三〇分に一回くらい五月雨式で電話やLINEで修正点の指摘を送ってくるのはやめてほしい。こっちが直しに取りかかっている最中に「やっぱここも」と次々来るとクリエイターは疲弊します。修正対応って精神力を持っていかれる作業なんですよ。完成したと思ったものに改めて手を入れるだけで取りかかるのにエネルギーが必要だし、「その要求に応えるにはこうしたほうがいいかな？　いや、こっちか？」とか「こっちを直したらここのバランスも考えないと」みたいに頭を使う作業なので、それを整理している最中に次々に修正箇所が増えていくと体力以外の部分がガンガン吸い取られる。

福原　クライアントからすると「修正部分に気づいたらすぐ伝えた方がいい」という考えだからそうなるんだよね。結果、クリエイターからすると「いまそれを言うならその前に伝えたタイミングで言ってくれよ」みたいなことも頻発する。

やしろ　「上の方針でこの案件なくなりました！」くらい重要な連絡ならすぐ言ってほしいですけど、分散してポンポン届くと疲弊するので、修正点は一通りまとめて送ってもらえると助かりますね。「火曜日に一度送ります。そのあとにもしあれば金曜にまた送ります」みたいに予告してもらえれば一番いい。

福原　リテイクのオーダーはまとめてクリエイターに伝えたほうが、クライアント側にとっても絶対いいんですよ。メールで何回にも分けて送ると、受け取った側は「何日に来たやつだっけ？」とわからなくなって、修正漏れの原因を作ることになる。

やしろ　それはそうですね。クリエイターからすると、何回も来ると修正指示を検索して調べるだけで面倒くさい。できればメールやメッセンジャーみたいに一通ずつ確認しないといけないものではなくて、Googleドライブなりで共有のスプレッドシートを作ってまとめてほしいですね。修正ポイントとそれぞれをいつ追加したのか、どれが対応済みなのかが一覧できると助かります。

福原　僕もGoogleスプレッドシートをオススメしますが、使い方がわからない人もいるかもしれないので、その場合はExcelでまとめてほしい。

あとこれはクリエイターサイドへのアドバイスだけど、相手からチェックバックをもらうときのためのチェックシートを自分で作っておくといいですよ。たとえば映像であれば「○分○秒の箇所に、こういう修正をお願いします」みたいに書き込める書式を用意して、担当スタッフも上司もそれに記入してもらう。そうすると修正点が一覧できるし、修正に関する意見をクライアント側で意思統一してから連絡してもらうことができる。別々のタイミングでクライアント側の現場と上司それぞれから「こう直して」と連絡があると、クリエイターは板挟みになって、カウンセラーとして意見をまとめないといけなくなる。でもそれは本来クリエイターの仕事ではない。

やしろ　そうですね。

福　原　クリエイター側から「このシートにまとめてもらったものを何日の何時までに送ってください」とチェックバックのフローとタイミングを仕切っておかないと、次から次へとチェックバックが来ていつ終わるのかわからなくて、夜に飲み会の予定を入れておいたのに行けなくなる、みたいなことがよくある。五月雨修正・無駄待機を予防するためにも、うちの会社と仕事をするクライアントには、僕が作ったシートに書いてもらっています。

やしろ　そうやってまとめて送ってもらえるとありがたいですけど、そういうシートをクリエイターが自分で作りたくはないですね。発注側が用意してもらえると助かる。

福　原　ただ、クライアントも発注やリテイクに慣れていない場合があるから、個人的にはそこまでをクリエイターが仕切っておいた方が、結局トータルで見ると作業の手間が減ると思う。

やしろ　それを仕切れるクリエイターがどこまでいるかですね。いきなり「これに書いてください」と言うと「なんだこいつ？」みたいに思われる可能性もありますから。最低限「五月雨式ではなく、○日までに修正箇所をまとめて送ってください」と伝えておくくらいでもいいかなという気もします。

福原　だけど「そのリテイクをいま言われても納品が間に合わない」とかもあるから、作業工程の説明にしてもリテイク管理シートにしてもフリーランスのクリエイターは自分でしっかりやるしかないと思うよ。会社組織なら営業の人間がやっているクライアントとの折衝《せっしょう》機能もフリーの人は自分で受け持たないといけない。それがイヤなら会社に所属するかマネジメントを付けるかしかないということになるし、実際にそうしている人も多くいます。

▼クライアントの「こちらでやっておきますね」はクリエイターの確認ありき

福原　発注側が制作ソフトを扱える担当者の場合、「ちょっとした修正だからこっちでやっておこう」とクリエイターの業務を軽減させるための気遣いが裏目に出ることがあります。クリエイターによっては「自分がイチからやってきたクリエイティブの仕上げを別の人にやられた」と感じてカチンとくる。たとえるなら、砂場で砂のお城を数時間かけて作ったあとで別の人が最後にお城に旗を立てて「やっときました」

みたいな感じですね。「何、勝手にやってんだよ」と。

やしろ　まあ、「こっちでやっときましょうか?」と聞いてどちらがやるか判断を委ねてくれればいいですけどね。別にこだわることでもない部分に関してとか、作業的にやってもらったほうが助かる場合もあるので。僕はマンガを描いているので、セリフの部分にテキストを入れるような面倒な部分をやってもらえると嬉しいですね。ただ、「やっておきますね」と言われて任せたら意味がわからない感じに仕上げられたこともあるので「どうなったのか、世の中に出す前に一応見せてほしい」とは言いますね。最終的に僕が「こうしてほしい」と言ったら直せるようにお願いしています。

福　原　絵や音楽だと「こちらでやっておきますね」とクライアントが巻き取ることは少ないんだけど、テキストだとたとえば脚本の修正とかを勝手に直されることが起こりやすい。

やしろ　絵もソシャゲとかだと納品したあとクライアント側の社内デザイナーとかに直されることがありますよ。色や身体のパーツの一部を直す、左右反転させる、トリミングして使う……だいたいトラブルになりますけどね。僕のゲーム会社勤務時代にもイラストレーターのあげてきたイラストに対して自分でファイルをいじって加筆した先輩がいて「改変するな！」とブチキレられていましたね。見た人が「あれ？　ここ足りなくない？」とか違和感のあるものだったとしても、単なるミスではなくて意図をもってクリエイター側がそうしていることもよくあるので「これ間違いじゃないですよね？」と確認する、変える前に「もしこっちがやっていいならやりますけど」と相談するのが基本です。

福原　クライアント側がクリエイターの仕上がりや態度を気に入らなくて「あとはこっちでやっておきますね」と取り上げる場合もある。その場合はすでに関係が破綻しかけていてクライアント側もクリエイターがイヤがったり怒ったりすることを恐れていないので、クリエイターからすると望まないかたちでアウトプットが世に出てしまう可能性がゼロではない。だからクリエイターが「最後までやらせてください」と言ったほうがいいときもある。

▼元クリエイターがプロデュースに回るとハラスメント的なリテイクになりがち

福原　もともとクリエイターだった人、もしくは現役クリエイターが発注側に回ってチェックバックする場合、やられた側からすると「度を超えている」と感じる振る舞いになりやすいという問題もありますよね。たとえば絵描きあがりの人が発注・チェック側に回ったときに、あがってきたイラストに対してアカ入れをペンタブで直にデータをいじるようなかたちでしてきたり、クリエイターをロボット扱いするような膨大かつ細かい指示をしてきたり。「自分は現場のクリエイターなんだ」「これは『俺の作品』なんだ」という気持ちが抜けなくて、発注した相手に「信じて任せる」ことができない人がいる。

やしろ　たしかに僕がゲーム会社にいたときもありました。めちゃくちゃ絵がうまい人が他人の絵に関してリテイクを出す側になったときに、直し方もある意味完璧ではあったんですけど、クリエイター側からするとプライドがへし折られた感じになって「お前が描けばいいじゃん」みたいにメールでブチ切れていたことがありました。

福　原　性格が悪いとか、「俺の方がすごいんだぞ」的に張りあって意地悪になるケースもあれば、単によかれと思ってやっているケースもあるけど、どっちにしてもやられた側にとってはしんどい。

やしろ　そのときはリテイクを出した社員も悪気があったわけではなくて、クオリティを上げたくてやりすぎた感じでしたね。

福原　ただ、いくら発注サイドとはいえ「自分の」作品づくりじゃないから、依頼したクリエイターのアウトプットに対してやっていいことには限度がある。他人のクリエイティブに口を出す、手を出すことには自制的でないとトラブルが起こります。元料理人だからといって、たとえ自分がお金を支払って食べる寿司だとしても、板場に入ると怒られる感じです。クリエイターが管理職ポジションになった場合には注意してもらいたいところだし、受注した側はハラスメントを受けたら第三者に相談をするか、当人以外の先方の会社の誰かにまず伝えて動いてもらいましょう。

第5章

納品後

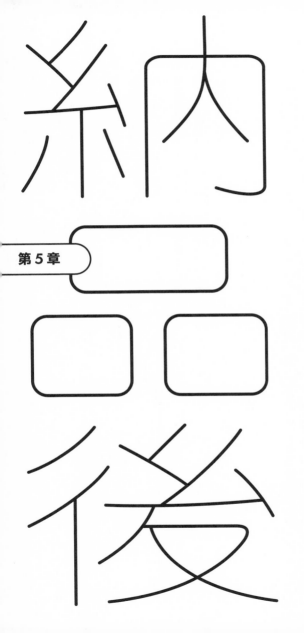

いつどこで発表されるのか、告知や情報解禁タイミングを共有する

福原　ここからはリテイクも済んで、完全に納品が終わったあとの工程に関する注意点です。

やしろ　そもそも自分が作ったり関わったりした作品がいつどこで発表されるのか、告知や情報解禁のタイミングをクライアントからちゃんと共有してもらいたいですね。

福原　もし担当者が忘れていて連絡しないとか、連絡するのが礼儀だということを知らないとかなら論外だけど、仕事やその関わり度合いによっては完成品をもらえなかったり、完パケしたものが見られるタイミングが一般の人と同じになったりする場合もあるよね。そのへんは業界によって違うから、クリエイターが「なんで連絡ないんだよ」と思うと筋違いなこともある。たとえばアニメだと完成したら関係者にはいわゆる「白箱」が渡されたり、みんなでプレビューを見る機会を作ったりするけど、コストが掛かる関係で制作者や関係者全員の手に白箱が渡るわけではない。声

優だと主要なポジションのキャストはもらえるけど、そうじゃないともらえない。それを知らないで「ハブられた」とか思ってもそれは違う。

やしろ　クライアントから「いついつ解禁です」と連絡がないと何がまずいってクリエイター側の心証の問題もありますけど、なかには納品後すぐにSNSで「やりました！」って言っちゃう人がたまにいるんですよ。興奮してオフィシャルの情報解禁前にスクショしてあげちゃったりしてクライアントに怒られてツイ消しするハメになる。ちなみに僕も過去にやっちゃったことあります……。

福原　広報的に情報解禁タイミングはめちゃくちゃ考えて設計しているところだから、フライングされると本当に困るんだよね。オフィシャルが言っていないことは関係者であっても言わないのがマナー。どうしても言いたいなら「これ言っていいですか？」って事前確認しないと。

やしろ　匂わせ投稿をして「この仕事やったぜ」アピールしているクリエイターを見ると「こいつ、大丈夫かな」と思われて、その後の他の会社からの仕事にも悪影響を及ぼしかねない。ちょっとでもその仕事の情報がわかりそうなツイートでもやめておいたほうがいいです。

福原　かといってクライアントがクリエイターに対して「こちらからは一切連絡しないので公式アカウントを見て判断してください」という態度を取るのもまずい。作った人が知らないあいだに公開されて公式Twitterを見て知るとかファンからリプライやDMをもらって知るとかすると恥をかく。
あとこれはクライアント側の問題ではないけど、集団作業して作る映像やゲームの場合、クリエイター側の序列的に、トップにあたる監督やプロデューサーが情報解禁されたあとも何もつぶやいてないのに末端スタッフがはしゃいでいると「空気読めよ」となる。

やしろ　めんどくさいですね（笑）。

福原　SNSでは自分の立ち位置をわきまえて書かないと災いの元になる。自分が関わったところには「みんな見てくれ！」とか言うくせに、参加していない部分については「〇〇はいまいちでしたね」とか書いちゃう人がたまにいるけど、常識的に考えて自分が関わった作品なら、自分がやっていないところについても仲間の誰かがやっている仕事なのでディスっちゃダメです。

やしろ　フリーで外注として関わったとしても、自分がオフィシャルで参加した一員であることを自覚した方がいいですね。

福原　あと、イラストやキャラクターデザインで関わったクリエイターが公式なのか同人なのか曖昧な感じでSNSにキャラ絵とかを勝手にアップしちゃうのもクライアントからすると困る。

やしろ　その作品のファンからすると「これ、公式なの？　二次創作なの？」ってなるやつですね。それはよく聞く話です。

福原　イラストで関わっただけなのにキャラにセリフを加えた1コママンガを投稿したりするのは完全にその人の権限を超えているから、善意であってもアウト。こういうのは売れかけのクリエイターが一番やるので、クライアントもクリエイターも注意しておきましょう。売れている人はすでに承認欲求が満たされているから出しゃばらないし、まだ売れていない人も謙虚だからやらないんです。

二次利用は契約書の範囲内に留まっているかチェックする

福原　今言ったのはクリエイター側が権利侵害してしまうケースだけど、逆にクリエイターに描いてもらったイラストやキャラクターデザインに関して、クライアントが好きに二次利用していい、転用していいと思い込んでいるケースもあります。たとえばマンガを描いてもらったとして、あるコマの絵を使ってアクリルキーホルダーを作って売っちゃうとか。本来であれば、描いたクリエイターに対してクライアントは事前に二次利用の許可を取って料金設定する必要があります。もっと言えば、事前に契約書で定めておくべきですね。

やしろ　最近多いのは、僕が描いたマンガを勝手に動画にされていたり、知らないうちに「Twitterプロモーションに使われていたり……見つけたら「これは別件ですよね」と伝えて追加で支払ってもらっています。知識がなくて泣き寝入りしているマンガ家もいますけど、ここは知っておいてほしい部分ですね。二次利用に関しても相場があってないようなものだし、これも何の業界なのかによって慣習が違う部分なので具体的な金額設定は難しいんですが、さすがに何もナシでクライアントが使い放題はおかしい。

福原　価格、期間、使用の範囲に関してクリエイター側は自分なりの物差しを持っておく。クライアント側もトラブル回避のために確認しておく。これが基本ですね。契約書のところで「著作権と二次利用に関してクリエイターは必ず確認すべき」と書いたけど、契約書に書いてあったから安心だと思わずに、クライアントが無断で二次利用していないか一応見ておいたほうがいい。クライアント側が「ちょっとしたものだから別にカネ支払わなくていいだろ」という態度で勝手に使っていることも少なくない。

やしろ　契約書では「二次利用の際は稿料の何%を支払う」と規定していることが多いですね。

福原　それか原稿料に二次利用分も込みで買い切りにしているケースもあるんだけど、クリエイターが契約書を読んでいなくて「勝手に使うな」と怒っている場合もある。

やしろ　最初に確認しておけってことですね。「二次利用」とはなんなのか自体がわかっていなくて「納品したあとは向こうが自由に使っていいんでしょ?」と思っているクリエイターもいます。でも本来対価をもらえるものなんだから、請求できるものはするべきです。

福原　あと二次利用について対価をもらえても、クリエイターが意図しないかたちで使われることもよくあります。商品が出る前にチェックさせてもらえなくて「こんなださいグッズになるのか」みたいなことが起きてしまう。

「二次利用する場合はお金を支払ってください。監修させてください」これが基本だよね。

やしろ　バズった企画だとクライアント側が前のめりになってどんどん二次展開しようとすることもありますけど、「売らんかな」感が強すぎるとネット民は反発することもある。だからクリエイターが「燃えるんじゃないか？」と思ったら「これ、大丈夫ですか？」とブレーキをかけたほうがいいですね。炎上したときダメージが大きいのは企業よりクリエイターなことが多いですから。

福原　あとから考えると「まわりがいくら盛り上がっていても、あのとき自分の意見を通さないといけなかった」みたいなケースもあるからね。ただその反面、誰も信じられなくなって「全部自分でチェックします」となると、それはそれで「あいつ調子に乗ってるな」とか「めんどくさいクリエイター」と思われて関係がこじれてしまうとか、困ったときにまわりが助けてくれなくなることもある。さじ加減が難しいけど、ひとりでできることには限界があるから基本は信じて任せつつも「絶対外せない部分は絶対に言う」というバランスが取れるといい。

やしろ　クリエイターのなかには突っ込むことをこわがったり、知識がないから言いたくないという人もいたりするけど、知らないならなおさら質問しておきましょう。

クリエイターが請求書を送ってこない問題 使えるなら電子署名サービスを

福原　ひととおり仕事が終わったら最後はギャラの支払いになりますが、クリエイターは契約書もそうだけど請求書に関しても送ってこない。期末なのに来ていない請求書があるとクライアントは焦る一方で、クリエイターは催促されても「なんでそんなにうるさく言うの？」と思っていることが多い。

やしろ　請求書を出すみたいな事務作業に関しては正直、クリエイターはほぼ全員ルーズですね……。

福原　なんで出さないの？　お金もらえないじゃん。

やしろ　事務作業は「心理的におっくうな作業」カテゴリに入っているんですよ。請求書を作ってハンコを押して切手を貼ってポストまで行って出すのがもう、海外旅行に行くレベルのパワーが必要なんですよね。これができない人はたぶん開封していない郵便物が溜まっているタイプだと思います。出さないと経理が困るし、永久にお金が支払われないから自分も困るのはわかっているんです。だから僕は、今は人にお願いしてやってもらっていますけど、正直言って請求書を送らないとギャラが振り込まれないという文化はなくなってほしい。

福原　金額の大小にかかわらず出さないの？

やしろ　出さないですね。僕らからすると絵を描くとかは「一瞬でできる作業」枠に入っているから、そっちのやれるタスクから手を付けちゃう。で、やれることをやっていると無限に後回しになっていく。

福原　電話と同じで心理的コストが高いってことだよね。ここは多くの会社員からすると理解できないと思う。「頭も使わないし、たいした作業じゃないじゃん」と。

やしろ　クリエイター同士集まっても「俺ら、なんでできないんだろ？」ってよく言っているんですよ。でも理由がわからないんですよね。

福原　そんなにやるのに気合いが必要なら、請求書作業する日を毎月○日とかその月の第一土曜日にやるとか決めちゃって、機械的にその日にまとめてやって出せばいいと思う。

やしろ　「この日は請求書をやる日」と決めてまとめて出している人もいますけど、僕だとたとえヒマでも出す気にならずに「ゲームやろう」になっちゃいますね。やり始めれば秒で終わるのはわかっているけど、手を付けるまでが大変なんです。まとめて請求書を出せば一〇〇万円くらい振り込まれるのに、出さずに「お金がなくて死ぬ」って言っている人もいます。

福原　出しそびれているうちに気まずくなって請求書送るのもイヤになるってこと?

やしろ　どうだろう。僕の場合はさすがにお金がほしいので遅れても必ず出します(笑)。クライアントにお願いしたいのは、最近だと電子署名サービスを使って「これに名前を打ち込んでくれればいいです」とオンラインですべて完結するやつがあるじゃないですか。あれだと「郵便で送れ」とか「紙に印刷してハンコを押したものをスキャンしてPDFファイルで送れ」とかよりはるかに気持ちがラクなので、できれば全部あれにしてほしい。

福原　それか、クライアント側が所定の書式を用意して送ってあげてそこに電子捺印《なついん》すればOKとかね。請求書作業をラクにするしくみがある会社は、それを使ったほうがお互いにとっていいと思いますね。

実例資料集

最後にこれまでお話ししてきた中からいくつか資料としてまとめてみました。制作会社の立場でクライアントとデザイナーを取り持ってやりとりをしている時の実例をもとにしています。実際に福原が使用しているシートやLINEでのやりとりをわかりやすい参考例の形にしたものになります。また、どうしてこういう内容を盛り込んでいるかのポイント解説を入れました。どんな内容の仕事かによってカスタマイズする必要があるかと思いますが、まずはこういう方法があるのだと知ってもらって、実際に使用してもらうことによって、少しでもやりとりがスムーズになる助けになればと思います。

●ヒアリングシート（依頼シート）

依頼メールや打ち合わせの際に、確認しておきたいことをあらかじめリストにまとめておくと確認漏れを減らすことができます。また、クライアント側があらかじめ用意してクリエイターに伝えるべき内容でもあります。その場合は「クライアント名」を「クリエイター名」、「クライアント業務内容」を「クリエイター業務内容」として依頼したい内容や仕様をまとめた状態から進めると、伝え忘れやすれ違いを減らすことができるはずです。

例 ヒアリングシート（全体）

クライアント名		もんじゃヤオヨロズ
クライアント業務内容		飲食店
依頼物		デフォルメ 2D キャラクター
納品物		RGB、CMYK、線画、レイヤー分けデータ
スケジュール	見積もり提出	済：5 万税別、買取
	正式発注	7 月 28 日
	初回提案	8 月 5 日
	フィードバック	8 月 7 日
	納品日	8 月 10 日
	利用開始日	9 月上旬
案件名（正式表記）		店舗 2D キャラクター制作
内容の詳細	・What（何が目的か）	もんじゃ丼の底部に使用するキャラ、 その他利用もありえるが現状未定
	・Who（誰が決裁するのか）	最終決定は社長
	・When（いつから始めたいか）	9 月上旬、納品後丼への印刷が 1 ヶ月程度掛かるそうです
	・Where（どこで使用されるか）	東京、大阪、名古屋の店舗にて。今後新規で店舗拡大予定あり
他社検討状況		指名
想定使用媒体		もんじゃ容器（丼）
ターゲットペルソナ		ファミリー層、カジュアル
現状		市販の丼を使っています
依頼イメージ		象をモチーフとした SD キャラクターで可愛い感じを希望、頭身は 3 頭身程度を目安に全身。 過去作品の〇〇君がイメージに近いです。
完成物イメージ		
支給資料		企業ロゴ
決裁フロー		担当者→社長
その他要望		買取でお願いします
告知・クレジット		告知は公式 SNS の解禁後 OK
予算・希望価格		5 万（税別）、末締め翌末支払い

●クライアント名

決定まで伏せる場合はその旨記載しておきます。

●クライアント業務内容

業種や業態などは作業するときのヒントになります。

●依頼物

依頼したいものを簡潔に伝えます。

●納品物

納品のときに必要なデータがあらかじめわかっていると、そのつもりで作業できるので先に伝えることが大事です。たまに納品のバージョンが複数ある事が後からわかり、データ作成の物量次第では追加料金が必要な事態になることもあります。

〈スケジュール〉

●見積もり提出

先に金額条件を決めておき、最終的に作業量が増えた場合などは追加交渉とするのがお互いにとって良いでしょう。

●正式発注

「依頼内容に問題がないと回答いただいたら決定」など前提を事前に伝えるとていねいです。

●初回提案

クライアントに初回の提出をします。ラフで大丈夫です、線画・彩色までお願いします、など提出物の指示もあるとなお良いです。

●フィードバック

クライアントからのチェックをお伝えする予定日です。ここで伝えた修正依頼以降は大きな直しは発生しないようにするのがベストです。

●利用開始日

今回の納品物が実際に世に出るタイミングをお知らせします。

例

クライアント名	もんじゃヤオヨロズ
クライアント業務内容	飲食店
依頼物	デフォルメ 2D キャラクター
納品物	RGB、CMYK、線画、レイヤー分けデータ

スケジュール	見積もり提出	済：5 万税別、買取
	正式発注	7 月 28 日
	初回提案	8 月 5 日
	フィードバック	8 月 7 日
	納品日	8 月 10 日
	利用開始日	9 月上旬

●案件名（正式表記）

依頼物と同じ場合もあります。

●内容の詳細

ここで設定した内容が具体的であるほど、より対象に合うような創作が可能になります。最低限イメージできる内容は伝えられるように準備しましょう。

（What・Who・When・Where）を意識して内容をまとめるのがポイントです。

●他社検討状況

「指名」とあれば独占依頼。ほかには「複数お声がけ中」や「コンペ」の場合もあります。そのときは決定の条件なども双方ともに確認しておくと安心です。

●想定使用媒体

同じ印刷物でもグッズに使用するのか、ポスターやチラシなのかでサイズや見せ方が変わってきます。WEBの場合も印刷とは使用する色の設定が違うので、複数検討しているときはその旨伝えておくとスムーズです。

●ターゲットペルソナ

コアなファン向けなのか、一般ユーザー向けなのかなどターゲットを意識して創作してもらったほうが作業もしやすく、齟齬も生じにくいです。

●現状

リニューアルの場合は、以前のバージョンの問題点や改善したい理由などが有益な参考資料になることもあります。

例

案件名（正式表記）		店舗 2D キャラクター制作
内容の詳細	・What（何が目的か）	もんじゃ丼の底部に使用するキャラ、その他利用もありえるが現状未定
	・Who（誰が決裁するのか）	最終決定は社長
	・When（いつから始めたいか）	9 月上旬、納品後丼への印刷が 1 ヶ月程度掛かるそうです
	・Where（どこで使用されるか）	東京、大阪、名古屋の店舗にて。今後新規で店舗拡大予定あり
他社検討状況		指名
想定使用媒体		もんじゃ容器（丼）
ターゲットペルソナ		ファミリー層、カジュアル
現状		市販の丼を使っています

●依頼イメージ・完成物イメージ

文章で伝えるだけでなく、依頼相手の過去の作品でイメージが近いものや資料画像を共有することで求めている完成形を共有しやすくなります。

●支給資料

企業ロゴなど作成に必要なデータは早めに渡せるようにします。

●決裁フロー

担当者以外にチェックする人がいるかどうかを知っておくと、やりとりのタイムラグを掴みやすくなります。

●その他要望

先に伝えるべきことがあれば補足しておくと良いです。

●告知・クレジット

告知可能なタイミングやクレジット表記の希望がある場合は事前に伝えてから相談すると良いです。

●予算・希望価格

だいたいの予算感だけでも先に提示して交渉するのが良いでしょう。支払いの際のルールが決まっている場合は先に伝えると請求のやりとりがしやすくなります。

例

依頼イメージ	象をモチーフとしたSDキャラクターで可愛い感じを希望、頭身は3頭身程度を目安に全身。 過去作品の○○君がイメージに近いです。
完成物イメージ	
支給資料	企業ロゴ
決裁フロー	担当者→社長
その他要望	買取でお願いします
告知・クレジット	告知は公式SNSの解禁後OK
予算・希望価格	5万（税別)、末締め翌末支払い

●リテイクシート

リテイクに関して、修正希望やどういう対応をしたのか履歴を残しています。実際のやりとりの流れを後から振り返ることができる状態にしておくと、問い合わせを受けたときにも確認や説明がしやすいです。僕はこれをスプレッドシートの形にして共有するようにしています。

たくさんの案件を同時に進行している時などは、時間が経ってしまうと、それぞれの案件がどんな状況で保留になっているか、どちらの作業で待ちになっているかが不明瞭になってしまうことがあります。そんな時もこうして案件ごとに、これまでの履歴と現在の状況が一目でわかるようにしておくのは、とても有効です。

また、やり終えてからお互いに振り返ってみると、思っていた以上に対応をさせてしまったとか、この修正のときにもっとこうしておけば良かった、などの気づきもあるはずです。

こうして経験を重ねていくことで防げるトラブルや、上手な伝え方を知ることもあるので、自分のやりやすい方法で履歴を残しておくようにすることは効果的です。

例 リテイクシート（全体）

企業名	もんじゃヤオヨロズ
担当者	高林
案件名	店舗 2D キャラクター制作

Ver.1 リテイク内容

修正希望	記載者	対応	対応日時
インド象では無くアフリカ象にしてほしい	高林	耳と頭の形を修正しました	8 月 8 日
色を赤→ピンクにしてほしい	舟越	2 パターン色味違いを提出しました	8 月 8 日
鼻をもう少しカールさせてほしい	原	対応しました	8 月 8 日
胴体にロゴを入れてほしい	高林	ロゴとピンクの色が合わなかったので数パターン提出します	8 月 8 日

Ver.2 リテイク内容

修正希望	記載者	対応	対応日時
やっぱりインド象にしてほしい	寺井部長	Ver.1 のリテイク対応しインド象に戻しました	8 月 9 日
象をもう少し太らせてほしい	寺井部長	対応しました	8 月 9 日

Ver.3 リテイク内容

修正希望	記載者	対応	対応日時
やっぱりマンモスにしてほしい	福原社長	大規模修正なので 2 日お時間下さい。	8 月 11 日

●Ver.1 リテイク

各所から出てきた修正希望をリストにしています。どの担当者がヒアリングして指示を出したかわかるように記載者別に修正希望を書き出し、全部揃ったところで修正依頼をかけることで、五月雨式に修正数が膨らんだり、修正内容の漏れが出たり、といったことを防げます。

●Ver.2 リテイク

最初の修正から戻ることは望ましくないですが、発生した場合はきちんと経緯を説明することが大切です。作業の進行状況によっては対応が難しいこともあるので、ここから先に進むと戻れなくなるタイミングなどは双方ともに確認しながら進めるほうが事故にならないでしょう。

●Ver.3 リテイク

修正によっては作業にかかる時間が異なります。大規模な修正は発生しないことがベストですが、その場合でも作業時間を確保できるようにスケジュール管理する、コミュニケーションを取っておくことが大切です。

例

企業名	もんじゃヤオヨロズ
担当者	高林
案件名	店舗 2D キャラクター制作

Ver.1 リテイク内容

修正希望	記載者	対応	対応日時
インド象では無くアフリカ象にしてほしい	高林	耳と頭の形を修正しました	8 月 8 日
色を赤→ピンクにしてほしい	舟越	2 パターン色味違いを提出しました	8 月 8 日
鼻をもう少しカールさせてほしい	原	対応しました	8 月 8 日
胴体にロゴを入れてほしい	高林	ロゴとピンクの色が合わなかったので数パターン提出します	8 月 8 日

Ver.2 リテイク内容

修正希望	記載者	対応	対応日時
やっぱりインド象にしてほしい	寺井部長	Ver.1 のリテイク対応しインド象に戻しました	8 月 9 日
象をもう少し太らせてほしい	寺井部長	対応しました	8 月 9 日

Ver.3 リテイク内容

修正希望	記載者	対応	対応日時
やっぱりマンモスにしてほしい	福原社長	大規模修正なので 2 日お時間下さい。	8 月 11 日

•依頼時のやりとり例

制作会社の立場でクライアントとデザイナーを取り持っている時の実例です。この時はＬＩＮＥでヒアリングシートを送付し、依頼内容などを確認しています。

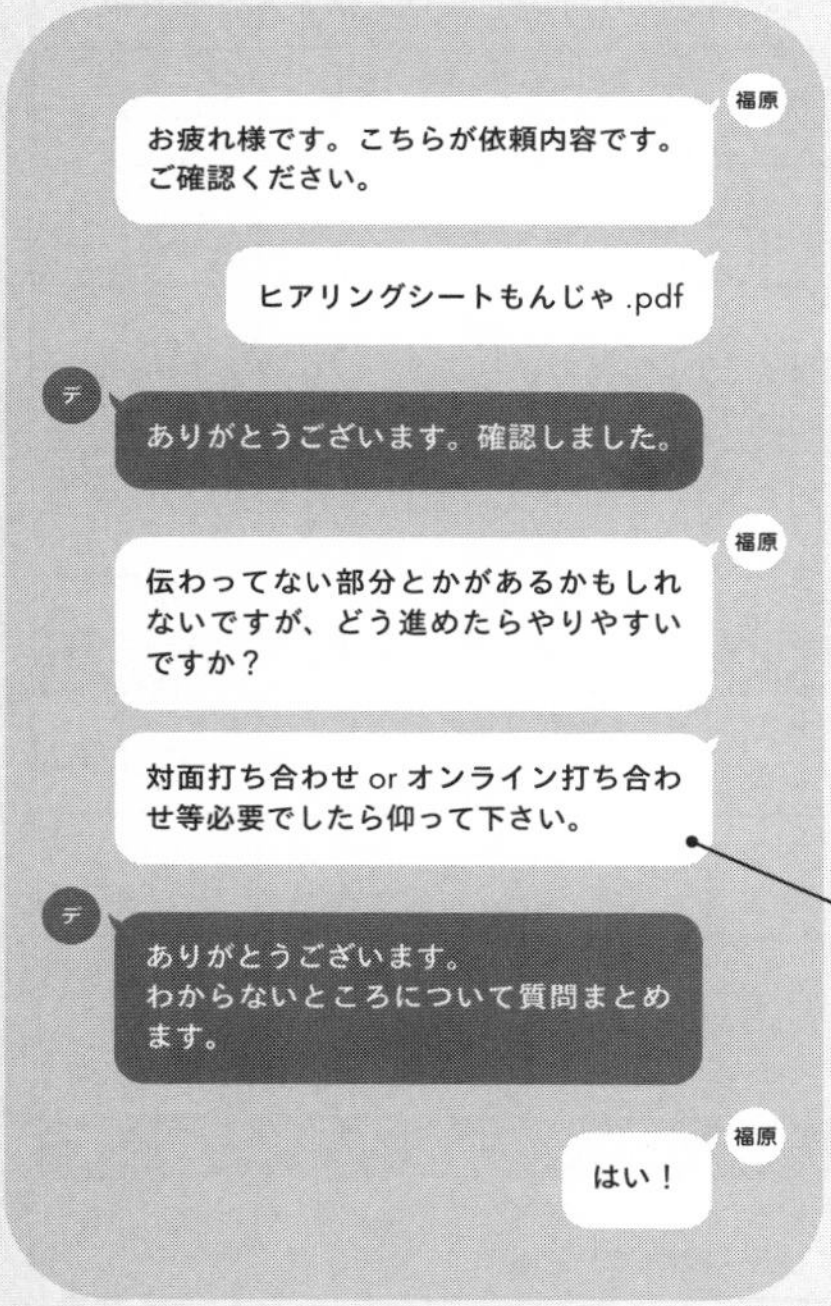

福原
お疲れ様です。こちらが依頼内容です。
ご確認ください。
ヒアリングシートもんじゃ .pdf

ありがとうございます。
わからないところについて質問まとめます。
福原
はい！

POINT

クリエイターごとの作法があるので、とりあえず手を動かす人、打ち合わせをしたい人、打ち合わせをするとしても対面が良い人、オンラインが良い人など、さまざまなので自分のやり方を押しつけないで相手の意見を聞きましょう。

ありがとうございます。確認しました。
福原
伝わってない部分とかがあるかもしれないですが、どう進めたらやりやすいですか？
対面打ち合わせ or オンライン打ち合わせ等必要でしたら仰って下さい。

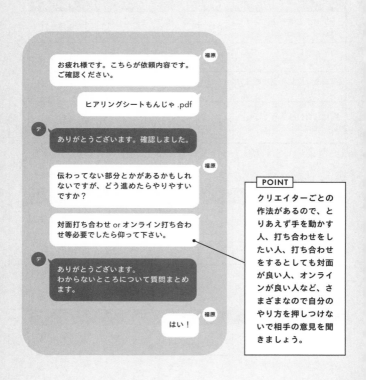

デ

①提出サイズはありますか？
なかったら適当な大きめのサイズで描きます。

②納品はカラーでいいですか？
1色・2色の制限はありますか？

③タッチのイメージは○○ちゃんみたいな感じでいいですかね？

福原

①サイズは丼の底に印刷するのが前提なので紙とかに印刷できるサイズなら大丈夫です。

②カラーでお願いします。

③はい！タッチはエッジ線このくらいのはっきりでお願いします。

参考画像.png

カラーと印刷サイズ抜けていてすみません！

デ

ありがとうございますー！
近日中にラフ送ります。

POINT

レファレンスを提示されたとしても、そのサンプルのどこを参考にしてほしいか等は都度確認する事で意見の取り違えを防げます。

POINT

伝え漏れていた事等は素直に詫びる事で相手方に話しやすい人と感じてもらえます。

•ラフチェック時のやりとり例

制作会社の立場でクライアントとデザイナーを取り持っている時の実例です。この時はＬＩＮＥでラフ画像を受け取って、確認、今後の進行の相談をしています。

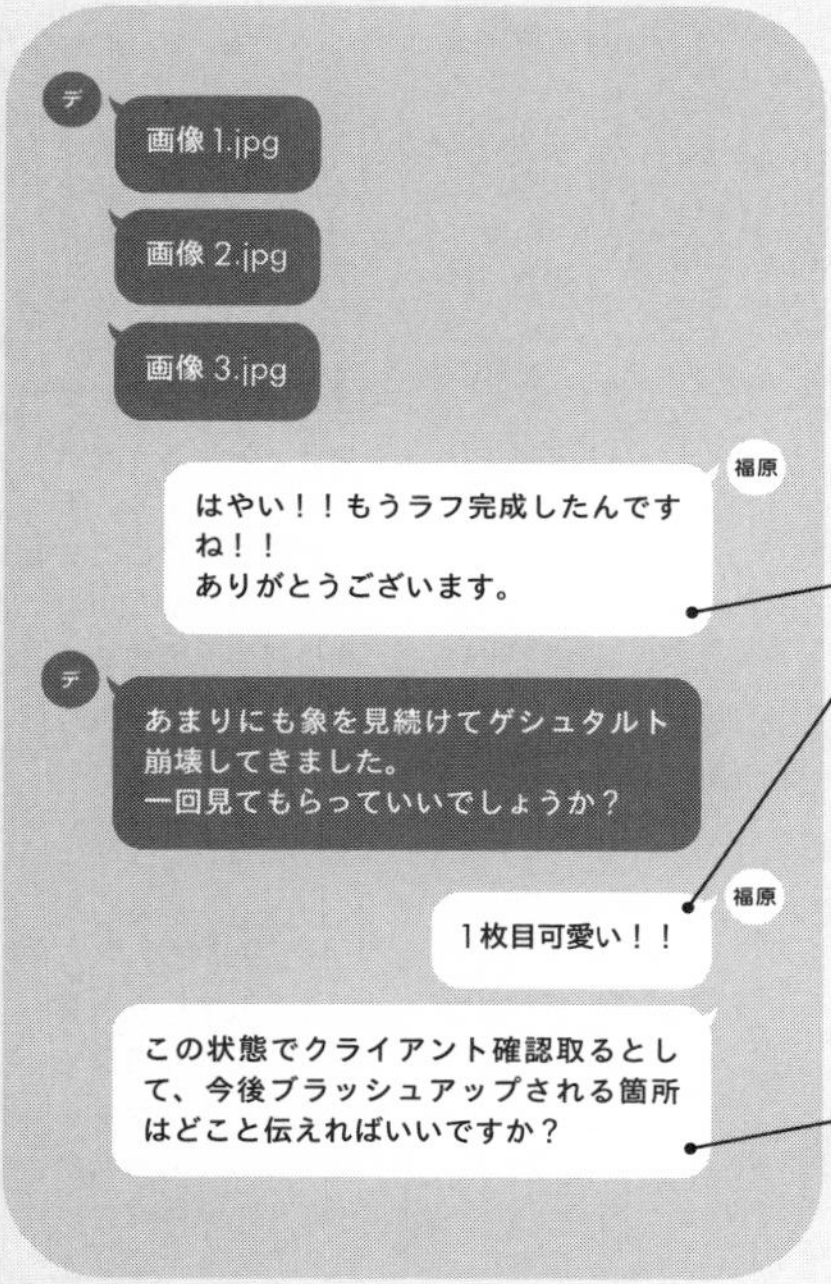

POINT

即返事をすることが大切！
あわせてポジティブな感想を述べることも。

POINT

ラフの段階でクライアントに渡すと、逆効果になる事もあるので、先に今後変更されるポイントを伝える＆現時点で確認すべき点も伝える為にクリエイターからヒアリングしましょう。

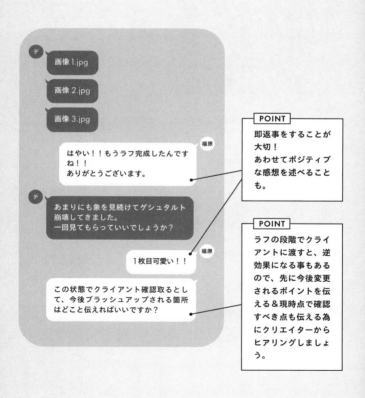

デ

よかった　ちょっとお待ちください！

ラフを３点お送りします。

・仕上がりイメージは太めの線画に単色塗です。（画像のイメージの通り）
　線情報が多いと使用用途的に大変だと思うので一枚目くらいの感じがいいのかなと思います。
・色など指定があればいただけますか。
確認よろしくお願いします！

ラフ画像 1.jpg

ラフ画像 2.jpg

ラフ画像 3.jpg

福原

ありがとうございます！！
こちらでクライアントにチェックしてもらいます。

デ

おねがいしますー！

〜数日後〜

福原

ラフ画像 1.jpg

このパターンでオッケーが出ました！
ブラッシュアップお願いします！！

POINT

時間が経ったら再度画像を送ると保存期限切れなど回避できます。

•チェックバック時のやりとり例

制作会社の立場でクライアントとデザイナーを取り持っている時の実例です。この時はＬＩＮＥでもらった清書画像について問題ないか各所確認して連絡しています。

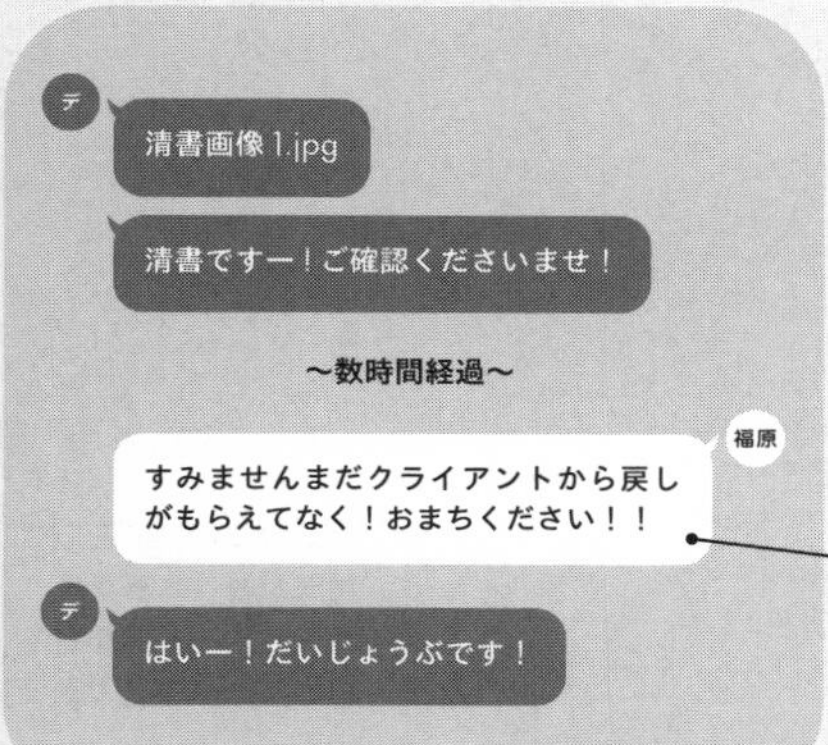

清書画像1.jpg
清書ですー！ご確認くださいませ！
〜数時間経過〜
福原
すみませんまだクライアントから戻しがもらえてなく！おまちください！！

はいー！だいじょうぶです！

POINT

連絡が無いとしても、その状況を中間報告してあげましょう。問題があったのか放置されているのか不安にさせてしまいます。

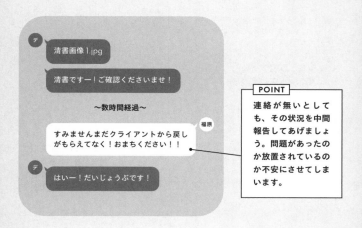

～翌 日～

福原

クライアント的には OK で、プリントするノベルティ屋さんの確認中だそうです。

デ

お！よかった。でしたら印刷用のデータにして渡しましょうか。

福原

一応お待ち下さい手戻り発生する可能性があるので、再度確認急かします。

デ

りょうかいですー！この LINE の圧縮 JPG ファイルで確認ができたらいいのですが。待ってます！

～翌 日～

福原

オッケーでした！ありがとうございます。納品データでください。

早速ですが請求は○○にいただけますか！

[請求書 記載希望内容]
宛　先：株式会社○○
発行日：2021 年●月●日
件　名：「もんじゃヤオヨロズ」イラスト料
金　額：5 万円（税別）
振込先：銀行／支店／口座種別（普通・当座）
口座番号／口座名義

デ

わかりましたー！ありがとございますー！

POINT

理由が判明次第、共有することでデザインに問題無い事がわかり安心できます。

POINT

見切り発車で追加作業させないように慎重に進めましょう。

POINT

請求書に記載してほしい内容をあらかじめまとめて伝えると作成してもらいやすくなります。

•納品とその後のやりとり例

制作会社の立場でクライアントとデザイナーを取り持っている時の実例です。この時はＬＩＮＥで、納品確定までの連絡と情報解禁の連絡をしています。

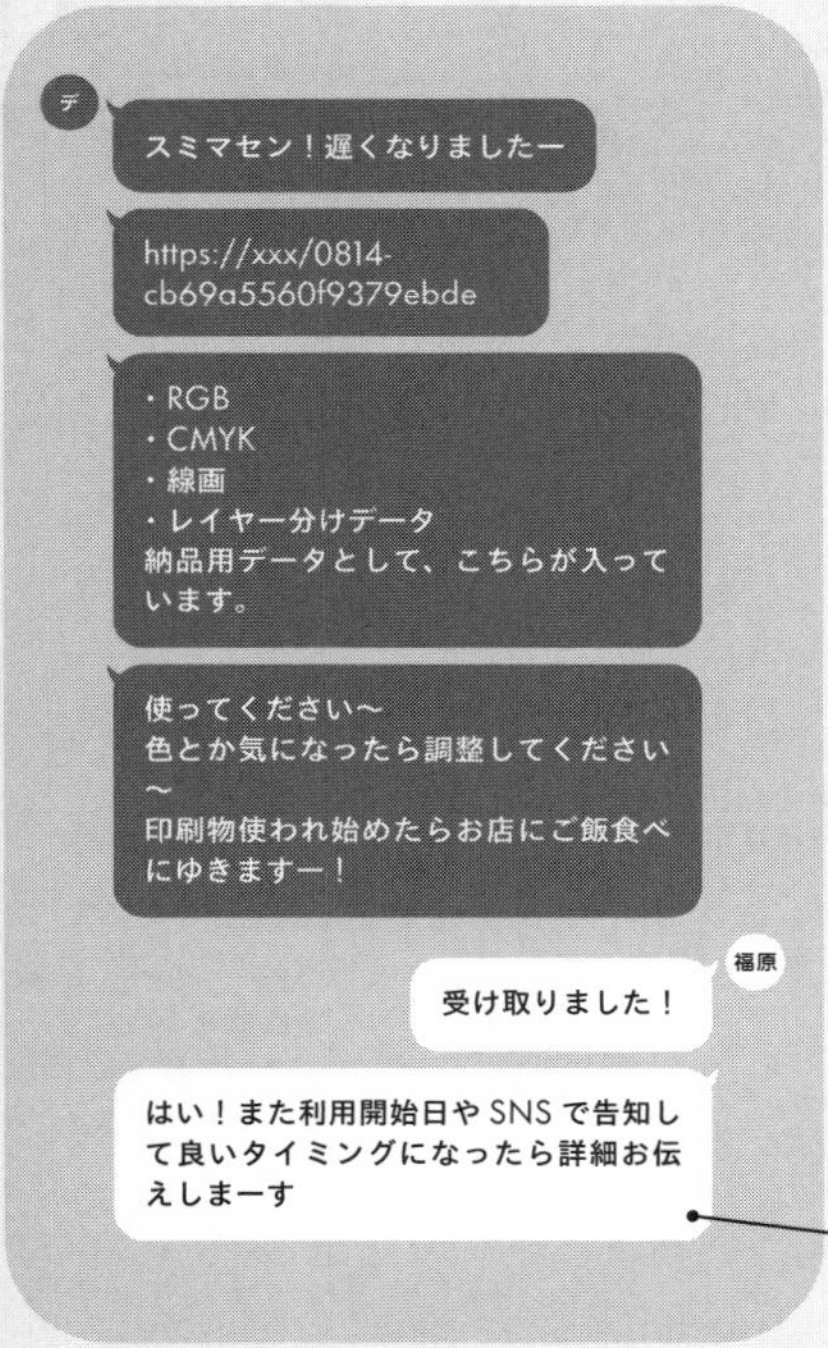

スミマセン！遅くなりましたー
https://xxx/0814-cb69a5560f9379ebde
・RGB
・CMYK
・線画
・レイヤー分けデータ
納品用データとして、こちらが入っています。

使ってください～

色とか気になったら調整してください～

印刷物使われ始めたらお店にご飯食べにゆきますー！

福原
受け取りました！

はい！また利用開始日やSNSで告知して良いタイミングになったら詳細お伝えしまーす

POINT

納品後もハイさようならでは無く、告知情報なども共有しましょう。クリエイターからすると告知して実績として公表する事も仕事です。

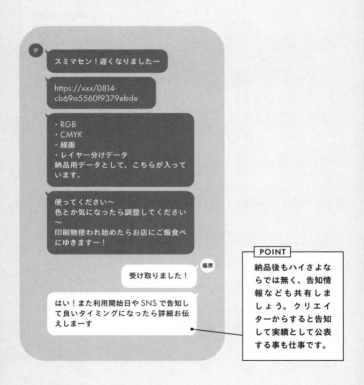

〜数日後〜

福原

先日は納品ありがとうございました

2021 年○月○日から利用開始となりました。今週金曜日に SNS で告知もあります。
公式の情報解禁後は告知してもらって、大丈夫です。

デ

わかりましたー！ありがとございますー！

〜情報解禁日当日〜

福原

公式の情報解禁ありました

https://xxx.co.jp/news/210819001/
https://twitter.com/xxx/status/210819...

デ

ありがとございます！ RT しました

おわりに

やしろあずき

仕事の打診から請求書に至るまでのひととおりの工程を、クライアントとクリエイターの視点それぞれから語ってきましたが、いかがでしたでしょうか。

冒頭で福原さんから紹介があったように、僕はクリエイター、クライアント両方の経験があります。今はマンガ家としての仕事を主にしていますが絵を発注する仕事をしていた時期もあり、クライアントがやりがちなクリエイターに対する配慮のない行動も見聞きしてきましたし、クリエイターのダメで甘えている部分もわかっているつもりです。

僕はさまざまなクリエイターと交流がありますが、会社員を経験しているかどうかがクライアントとの溝の大小を左右しているな、と感じてきました。

会社員経験のないまま、ずっとひとりでやっているフリーランスのクリエイターには、会社組織で動いている人間には「やりたくないことはやりたくない」が通らないこと、「上に『ダメ』と言われたらダメ」ということがわからない。会社勤めしていると当たり前のこととしてわかることが、その経験のないクリエイターには理解できずにトラブルが起こる。そういう人からの相談もたくさん受けてきました。

でも、クライアントと揉めて「おかしいだろ！」と感情的になっているクリエイターから話を聞いてみると「それ、向こうは組織の決断としてはそうするだろうな」と思うことも少なくありませんでした。

クライアントとクリエイターのどちらが正解で、どちらが腐っているとかいうことではなく、感覚や見方、経験や立場が違うことで齟齬やトラブルが生じやすい構造になっている——これがこの本の基本的なスタンスです。

実はここでお話しした内容は以前からマンガで描こうかなと思っていたくらいでしたが、今回、福原さんからの打診を受けて対談形式でみなさんにお届けすることになりました。

クリエイターとクライアントがお互いの立場を理解できないといいものを作るのは難しいと思っています。ケンカして関係が険悪な状態から大傑作ができることはなかなかない。

でも、依然として世の中には揉め事は溢れているし、僕自身、クリエイターの気持ちに対して無理解な一部のクライアントに振り回され、傷ついてきました。もちろん、自分の経験のなさから相手を傷つけてしまったこともあります。

反対に、自分の経験から言ってもクリエイターとクライアントがそれぞれの持ち味を生かして補い合えば、うまくいくことも多い。気持ちの面でも双方が積極的にやれているときにはいい仕事が生まれる。

この本がビジネスサイドとクリエイティブサイドのそれぞれの見方、考え方を理解し、ふたつの世界の溝を埋めるお手伝いになっていれば幸いです。

星海社新書 206

クリエイターとクライアントはなぜ不毛《ふもう》な争《あらそ》いを繰《く》り広《ひろ》げてしまうのか？

二〇二一年一二月二二日 第一刷発行

著者 福原慶匡《ふくはらよしただ》・やしろあずき

発行者 太田克史《おおたかつし》

編集担当 見野歩《みのあゆみ》

構成 飯田一史《いいだいちし》

アートディレクター 吉岡秀典《よしおかひでのり》（セプテンバーカウボーイ）

デザイナー 榎本美香《えのもとみか》

フォントディレクター 紺野慎一《こんのしんいち》

校閲 鷗来堂《おうらいどう》

発行所 株式会社星海社
〒一一二-〇〇一三
東京都文京区音羽一-一七-一四 音羽YKビル四階
電話 〇三-六九〇二-一七三〇
FAX 〇三-六九〇二-一七三一
https://www.seikaisha.co.jp/

発売元 株式会社講談社
〒一一二-八〇〇一
東京都文京区音羽二-一二-二一
（販売）〇三-五三九五-五八一七
（業務）〇三-五三九五-三六一五

印刷所 凸版印刷株式会社

製本所 株式会社国宝社

ISBN978-4-06-526458-4
Printed in Japan

SEIKAISHA SHINSHO

次世代による次世代のための

武器としての教養
星海社新書

星海社新書は、困難な時代にあっても前向きに自分の人生を切り開いていこうとする次世代の人間に向けて、ここに創刊いたします。本の力を思いきり信じて、**みなさんと一緒に新しい時代の新しい価値観を創っていきたい。若い力で、世界を変えていきたいのです。**

本には、その力があります。読者であるあなたが、そこから何かを読み取り、それを自らの血肉にすることができれば、一冊の本の存在によって、あなたの人生は一瞬にして変わってしまうでしょう。**思考が変われば行動が変わり、行動が変われば生き方が変わります。**著者をはじめ、本作りに関わる多くの人の想いがそのまま形となった、文化的遺伝子としての本には、大げさではなく、それだけの力が宿っていると思うのです。

沈下していく地盤の上で、他のみんなと一緒に身動きが取れないまま、大きな穴へと落ちていくのか？　それとも、重力に逆らって立ち上がり、前を向いて最前線で戦っていくことを選ぶのか？

星海社新書の目的は、**戦うことを選んだ次世代の仲間たちに「武器としての教養」をくばることです。**知的好奇心を満たすだけでなく、自らの力で未来を切り開いていくための〝武器〟としても使える知のかたちを、シリーズとしてまとめていきたいと思います。

2011年9月

星海社新書初代編集長　柿内芳文

SEIKAISHA SHINSHO